IMAGENS DA HOTELARIA NA CIDADE DE SÃO PAULO

Panorama dos estabelecimentos
até os anos 1980

Dados Internacionais de Catalogação na Publicação (CIP)
(Jeane Passos Santana – CRB 8ª/6189)

Valenzuela, Sandra Trabucco
    Imagens da hotelaria na cidade de São Paulo : panorama dos
estabelecimentos até os anos 1980 / Sandra Trabucco Valenzuela. –
São Paulo: Editora Senac São Paulo, 2013.

    Bibliografia.
    Índice onomástico de hotéis.
    ISBN 978-85-396-0428-9

    1. Hotelaria : São Paulo (cidade) : História 2. Cartões postais :
Estabelecimentos hoteleiros : São Paulo (cidade) : História I. Título.

13-161s   CDD-647.94098161

Índice para catálogo sistemático:
    1. Hotelaria : São Paulo (cidade) 647.94098161

Sandra Trabucco Valenzuela

IMAGENS DA HOTELARIA NA CIDADE DE SÃO PAULO

Panorama dos estabelecimentos até os anos 1980

Editora Senac São Paulo — São Paulo — 2013

Administração Regional do Senac no Estado de São Paulo

Presidente do Conselho Regional: Abram Szajman
Diretor do Departamento Regional: Luiz Francisco de A. Salgado
Superintendente Universitário e de Desenvolvimento: Luiz Carlos Dourado

Editora Senac São Paulo

Conselho Editorial: Luiz Francisco de A. Salgado
Luiz Carlos Dourado
Darcio Sayad Maia
Lucila Mara Sbrana Sciotti
Jeane Passos Santana

Gerente/Publisher: Jeane Passos Santana (jpassos@sp.senac.br)
Coordenação Editorial: Márcia Cavalheiro Rodrigues de Almeida (mcavalhe@sp.senac.br)
Thaís Carvalho Lisboa (thais.clisboa@sp.senac.br)
Comercial: Marcelo Nogueira da Silva (marcelo.nsilva@sp.senac.br)
Administrativo: Luís Américo Tousi Botelho (luis.tbotelho@sp.senac.br)

Edição de Texto: Luiz Guasco
Preparação de Texto: Cristina Marques
Revisão de Texto: Heloisa Hernandez, (coord.), Globaltec Editora Ltda.
Projeto Gráfico: Fabiana Fernandes
Editoração Eletrônica: Fabiana Fernandes e Flávio Santana
Capa: Antonio Carlos De Angelis; *foto da capa*: Largo de São Bento, cartão-postal, *c.* 1920;
foto da contra-capa: cartão-postal do Grande Hotel Succursal, sépia, *c.* 1910.
Impressão e Acabamento: Rettec Artes Gráficas Ltda.

Todos os direitos desta edição reservados à
Editora Senac São Paulo
Rua Rui Barbosa, 377 – 1º andar – Bela Vista – CEP 01326-010
Caixa Postal 1120 – CEP 01032-970 – São Paulo – SP
Tel. (11) 2187-4450 – Fax (11) 2187-4486
E-mail: editora@sp.senac.br
Home page: http://www.editorasenacsp.com.br

© Editora Senac São Paulo, 2013

Sumário

Nota do editor 7

Agradecimentos 11

Apresentação 13
Luiz Octávio de Lima Camargo

Introdução 17

Início da hotelaria em São Paulo 21

São Paulo progride 79

A Pauliceia cosmopolita 139

"São Paulo, a cidade que mais cresce no mundo" 165

São Paulo, a grande metrópole 199

Considerações finais 223

Bibliografia 225

Índice onomástico dos hotéis 237

Nota do editor

A origem e o desenvolvimento da hospedagem na cidade de São Paulo é um tema fascinante, cujo estudo muito informa sobre a evolução política e sociocultural do povoado um dia fundado por jesuítas, ainda em meados do século XVI.

Em *Imagens da hotelaria na cidade de São Paulo*, o leitor acompanha um pouco dessa história por meio de cartões-postais que recuperam antigas paisagens da cidade e que, a partir de um dado momento, passam a registrar os primeiros estabelecimentos hoteleiros do município.

Publicado pela Editora Senac São Paulo, este livro documenta e contextualiza um processo ainda em curso, visto que o setor de hotelaria continua a se sofisticar e a diversificar os seus serviços, constituindo-se de grande utilidade para estudantes e profissionais da área de turismo, hotelaria, hospitalidade, história e ciências sociais.

A meu pai, Pedro H. Valenzuela Góngora
(in memoriam)

Agradecimentos

Agradeço à minha mãe, Veglia Alza Trabucco, que preservou o arquivo de imagens formado ao longo da vida profissional de meu pai, Pedro Hugo Valenzuela Góngora, verdadeiro amante da hotelaria.

À Editora Senac São Paulo, em particular ao amigo Luiz Guasco, pela leitura atenta e pelas valiosas contribuições a este livro.

À minha família, Fernando e Ricardo, pelo apoio, paciência, compreensão e pelo carinho de sempre e, em especial, pela contribuição fotográfica de Fernando Salinas.

Por fim, agradeço aos professores Elizabeth Wada, Sênia Bastos e Luiz Octávio de Lima Camargo pelo estímulo dado à publicação desta pesquisa.

Apresentação

Todo aquele que se dispõe a trabalhar sobre a história da hotelaria, mesmo que numa cidade como São Paulo, logo se defronta com um problema: tomando-se, à semelhança de alguns, como paradigma do hotel moderno o modelo criado por César Ritz – o hoteleiro dos reis e o rei dos hoteleiros, como os contemporâneos se referiam a ele –, qual foi o primeiro a ser implantado em São Paulo?

A autora resolve habilmente a questão, estudando a sucessiva transformação dos meios de hospedagem, da antiga pensão ou do albergue até o atual hotel – desde a fundação da cidade de São Paulo, sem incorrer na tentação de se ocupar do momento em que um determinado meio de hospedagem aproximou-se do modelo atual de hotel. Entre nós, pode-se dizer que a designação *hotel* surge, como mostra a autora, na segunda metade do século XIX, com um conceito ainda distante daquele aceito na Europa. Tratava-se, como se diz hoje, de uma operação de *marketing*.

Sem nos ocuparmos de uma comparação com a hotelaria europeia, destaque-se que Gilberto Freyre, em *Ordem e progresso*, já lamentava que, na virada do século XIX para o século XX, ainda não tínhamos, como os europeus, os hotéis-catedrais; ele que dizia que o grande hotel estava para o século XIX como as catedrais góticas para a Idade Média. Entenda-se para tanto a arquitetura usual do grande hotel europeu, que se poderia chamar de solene, quase sempre reinando absoluto sobre uma praça, nas destinações turísticas de veraneio.

O grande hotel foi um marco das intensas transformações culturais vividas no período. Em primeiro lugar, deve-se lembrar da secularização progressiva da sociedade, iniciada no Iluminismo e que, pouco a pouco, levou as cidades a instituírem novos equipamentos de referência urbana, entre os quais os hotéis (além de estádios, *shoppings*, etc.). Não é por acaso que bancos, empresas e hotéis assimilaram elementos arquitetônicos de fachada que lembram as antigas catedrais, dos quais ainda hoje se podem ver vestígios no centro histórico de São Paulo em seus edifícios com estética *art nouveau* e *art déco*.

Em segundo lugar, ressalte-se que a passagem da pensão para o hotel não representa propriamente uma evolução, e sim uma ruptura. Da pensão, rancho ou pouso do final do século XVIII até o hotel ocorre uma mudança sociocultural que não pode passar despercebida. Os estudos de hospitalidade mostram que na cidade pré-moderna – em São Paulo, da fundação até a segunda metade do século XIX – o viajante que não contasse com um anfitrião era automaticamente classificado como suspeito. A autora, aliás, traz interessantes depoimentos de viajantes do início do século XIX que lamentavam terem de se hospedar em albergues, redutos de pessoas suspeitas, bandidos, prostitutas, etc. Era o reino da hospitalidade doméstica. Até recentemente (e quem sabe até os dias atuais) as pequenas cidades ainda tratam o viajante como um indivíduo suspeito e perigoso, condição que somente pode ser minimizada com as referências dadas por pessoas locais.

O progressivo aumento de visitantes, acompanhando o também visível aumento do comércio, tornou a hospitalidade doméstica uma premissa realizável apenas para poucos e irrealizável para a totalidade dos visitantes. Na Modernidade europeia, o hotel *surge* não apenas como uma alternativa, mas como o melhor meio de hospedagem, o mais digno, o mais desejável. A hospitalidade doméstica foi paulatinamente substituída pela hospitalidade urbana e por seus equipamentos públicos e privados, entre os quais o mais relevante aqui, o hotel.

Em terceiro lugar, e na esteira da observação anterior, pode-se acrescentar outra importante inversão: se de início os hotéis imitavam as casas (ideia que ainda persiste com o bordão "sinta-se em casa"), depois de César Ritz e outros pioneiros, as casas passaram a copiar soluções hoteleiras. Ainda que a moderna hotelaria passe ao largo de suas criações, este hoteleiro ainda se constitui como uma referência. Aliás, como bem observou Célia Dias, em seu capítulo do livro *Hospitalidade: reflexões e perspectivas*, por ela organizado, os ingleses cunharam a expressão *ritzy* para designar tudo o que um hotel deve almejar: luxo, requinte, elegância, extremo conforto e serviço de altíssima qualidade.

Ele introduziu inovações importantes para o conceito e para a higiene dos hotéis, eliminando móveis pesados de difícil limpeza, substituindo os revestimentos de tecidos e de papel de parede pela pintura, criando banheiros privativos nos apartamentos, luz indireta nos lobbies, galeria de lojas, entre outras. Essa inversão pode ser claramente percebida por meio dos exitosos eventos do Hotel-Cor, no qual as pessoas buscam inspiração para a decoração e mobiliário de suas casas.

Finalmente, mencione-se a ligação do hotel moderno com o turismo, ora como infraestrutura, no caso sobretudo dos equipamentos urbanos, ora como destinação turística, como ocorria no grande hotel e hoje no modelo que o sucede, o hotel de lazer ou resort.

Esta publicação de Sandra Trabucco Valenzuela não se resume a uma iconografia dos meios de hospedagem em São Paulo, como pode imaginar quem o manuseia rapidamente. É produto também de uma pesquisa aprofundada nas melhores publicações de referência sobre a história da cidade de São Paulo.

Tal zelo não pode passar despercebido do leitor. Além de disponibilizar aos estudiosos uma coleção particular de fotos históricas de hotéis, ela o faz de modo a mostrá-las no contexto de uma cidade que se metropolizou ao longo do tempo e que já ostenta os primeiros hotéis-catedrais.

Destaque-se também o cuidado de seu pai, Pedro Hugo Valenzuela Góngora, hoteleiro com passagens pelo antigo Jaraguá e pelo Caesar Park Hotel, entre outros, em aproveitar seu tempo livre para reunir fotos e informações, os quais inspiraram a realização deste livro.

Parabéns à autora e aos seus leitores, bem como ao interesse renovado do Senac São Paulo pelas temáticas da hotelaria e da hospitalidade.

Luiz Octávio de Lima Camargo
Docente do Programa de Mestrado em Hospitalidade
e do Curso de Turismo e Lazer da USP-EACH

Introdução

Este livro objetiva contar a história da hotelaria na cidade de São Paulo desde a sua fundação, em 1554, até a década de 1980, com base nos estabelecimentos mais conhecidos ou que, de alguma forma, deixam a sua importância impressa na cidade.

A ideia que o norteia vem sendo gestada desde a década de 1980, quando meu pai, Pedro Hugo Valenzuela Góngora (1931-1998), então gerente noturno de um hotel de luxo da região da avenida Paulista, resolveu colecionar cartões-postais e etiquetas de hotéis. No ramo hoteleiro desde 1957, ele conheceu de perto os hotéis da "Cinelândia paulistana", da "cidade velha" e da "cidade nova", a transferência dos hotéis de luxo para a região da Paulista e a criação do novo centro econômico na região sul da cidade. Tive o privilégio de acompanhá-lo, desde a infância até a vida adulta, seja em visitas, almoços, jantares, festas de fim de ano, eventos ou confraternizações com outros colegas hoteleiros, seja para um café no *coffee shop* ou para conhecer as instalações de um estabelecimento recém-inaugurado.

Sem notar, vi uma parte da história da hotelaria ser construída. Conheci hotéis em seu auge, como o Comodoro, Jandaia, Jaraguá, Terminus, Normandie, Planalto, Marabá, Excelsior, São Paulo Center, San Raphael, Danúbio, Caesar Park, Ca'd'Oro, Crowne Plaza, Eldorado, Hilton, Mofarrej, Othon, Brasilton, entre outros. Vem daí a minha paixão por esse ramo de atividade.

É tarefa árdua detalhar o desenvolvimento da hotelaria na cidade de São Paulo, pois nem todos os estabelecimentos, até o início do século XIX, registravam oficialmente a sua existência. Muitos ofereciam apenas pouso aos viajantes. Não havia inaugurações ou grande alarde em torno deles, mesmo porque as hospedarias eram instalações simples, cuja preocupação voltava-se mais aos animais, responsáveis pelo transporte das bagagens e dos bens a serem negociados, do que propriamente às pessoas. As raras hospedarias ou hotéis existentes são abordados com base em crônicas e relatos de viajantes – visões, em alguns casos, bastante subjetivas.

A implantação da Academia de Direito no largo de São Francisco, em março de 1828, atrai jovens estudantes para a cidade, estimulando a criação de hotéis, pensões e repúblicas, bares e cafés, além de estabelecimentos destinados à diversão.

A cafeicultura e a construção de estradas de ferro ligando a capital paulista ao porto de Santos e, posteriormente, a todo o interior, promovem o desenvolvimento econômico que faz de São Paulo, em meados do século XIX, uma cidade promissora. Na virada do século, a cidade começa a perder o aspecto provinciano, lançando-se ao progresso, com investimentos em saneamento, transporte, vias públicas e instrução pública, entre outros. O crescimento populacional, aquecido pela imigração europeia, é determinante para o aumento dos negócios. São Paulo ganha sotaques e hábitos diversos, em uma associação de culturas.

Nesse contexto, a hotelaria torna-se necessária para o acolhimento de comerciantes e de viajantes de passagem por São Paulo, os quais, muitas vezes, vêm acompanhados de suas famílias. A concorrência cresce e os desafios por oferecer condições diferenciadas de hospedagem são constantes. Há os estabelecimentos que anunciam como principal atrativo a possibilidade de banhos quentes ou frios, outros divulgam a qualidade de sua cozinha, a prestação de serviços de aquisição de passagens de trem ou de navio, oferta de tílburis e/ou táxis à porta, cortesia imbatível, e outros contam apenas com a localização como destaque. Surgem os hotéis de luxo, com decoração e mobiliário importado, telefone e outras regalias. O Grande Hotel, aberto em 1878, foi o primeiro empreendimento de luxo da cidade.

Novos estabelecimentos eram inaugurados em pontos estratégicos, buscando clientelas específicas. Com esse objetivo, muitos estabelecimentos são abertos nas proximidades das estações ferroviárias, outros tantos continuam a valer-se da tradição das ruas do Triângulo — formado pelas ruas São Bento, XV de Novembro e Direita —, no centro da cidade, e outros empreendimentos erguidos na "cidade nova" — que, com a construção do Viaduto do Chá, abria-se da rua Barão de Itapetininga em direção às avenidas Ipiranga e São João. Há hotéis para todos os bolsos, dos mais sofisticados aos mais populares.

O novo *boom* hoteleiro ocorre entre as décadas de 1930 e 1950, com o sucesso da Cinelândia, na região da avenida São João, permeada pela vida noturna dos teatros, restaurantes e cafés. O planejamento urbanístico posto em prática por Prestes Maia e a verticalização remodelam o centro, empurrando os antigos limites do Triângulo e do "centro novo" para as avenidas Ipiranga, São Luís e rua da Consolação. Os anos 1960 e 1970 definem São Paulo como uma metrópole que gera turismo cultural, de negócios e de lazer.

A avenida Paulista ergue-se na paisagem com seus arranha-céus, ocupando o espaço dos antigos casarões dos barões do café e dos palacetes dos industriais enriquecidos do início do século XX, concentrando grandes empresas nacionais e multinacionais, consulados, além de opções de lazer e de cultura, eventos, centros de compras e hospitais. A hotelaria acompanha esse deslocamento do eixo financeiro do centro para a região da Paulista, abrindo uma enorme gama de estabelecimentos para atender a públicos com necessidades diversas.

No final da década de 1980 é a vez da urbanização e desenvolvimento acelerado da zona sul, região de Santo Amaro, ao longo da marginal do rio Pinheiros, nas imediações dos Jardins e do Morumbi. Na perspectiva da abertura de negócios, a hotelaria sai em busca de novos clientes, proporcionando estabelecimentos adequados à mudança dos tempos e às características impostas pelo próprio crescimento urbano. A hotelaria está aonde o seu hóspede precisa.

Este livro visa contribuir para a historiografia da cidade de São Paulo com o levantamento de estabelecimentos hoteleiros da cidade e seus aspectos. Não cabe, aqui, a pretensão de expor *todos* os estabelecimentos criados em São Paulo com essa finalidade; também não se trata de destacar somente os de grande porte. Consiste em missão infindável e, em alguns casos, impossível, mostrar *todos* os estabelecimentos hoteleiros, considerando que muitos tiveram vida breve e, os mais antigos, nem sequer possuíam registros. O próprio crescimento urbano, com as desapropriações, a mudança de perfil e da circulação dos frequentadores, se encarregou de apagar por completo a presença desses hotéis. Nossa intenção é trazer à luz a história dos primeiros estabelecimentos, bem como daqueles que ainda sobrevivem, mesmo que apenas na memória de seus antigos hóspedes e funcionários. Realizado ao longo de muitos anos, este estudo quer trazer a público ao menos parte dessa história.

Como fontes de pesquisa foram utilizados os relatos de viajantes, memórias, jornais, revistas e almanaques de época, livros sobre a história da cidade, cartões-postais, etiquetas de hotéis, fotografias, folhetos promocionais, anúncios publicitários, revistas especializadas em turismo, artigos científicos, *sites* e *blogs*. As referências completas constam no final do livro.

Esta obra está organizada em quatro partes, a saber: a primeira, "Início da hotelaria em São Paulo", trata da receptividade paulistana desde a fundação da cidade até o final do século XIX; a segunda parte, "São Paulo progride", aborda a transformação do município na virada do século XIX e o crescimento do número de estabelecimentos hoteleiros em quantidade e qualidade, a imigração e suas consequências, e prossegue até meados do século XX, com o planejamento urbano de Prestes Maia, o nascimento da chamada "Cinelândia paulista", dos hotéis do entorno e o desenvolvimento do bairro da Liberdade; a terceira parte, "São Paulo, a cidade que mais cresce no mundo", apresenta a ideia de progresso proposta em 1954, ano do IV Centenário da Fundação de São Paulo, o crescimento do transporte rodoviário em detrimento do ferroviário e as consequências para o cenário urbano; a quarta parte, "São Paulo, a grande metrópole", mostra a migração da hotelaria de luxo do "centro velho" para a região da avenida Paulista e, inclusive, para a zona sul, ocorrida ao longo da década de 1980; por último, seguem as considerações finais, a bibliografia e o índice onomástico de hotéis.

Cada parte apresenta, além de um breve relato histórico, aspectos que configuram a região abordada, seus principais hotéis (ou aqueles dos quais ainda há fragmentos de histórias) e suas características, bem como, quando possível, material iconográfico pertinente e curiosidades.

Este livro não resulta de uma tese acadêmica, mas da paixão por um tema que ainda carece de bibliografia. Sua leitura, além de propiciar conhecimentos sobre os estabelecimentos hoteleiros até a década de 1980, tenciona despertar o interesse de outros que, como eu, alimentam-se da cidade de São Paulo e desejam preservá-la, seja fisicamente, seja em nossa memória.

Início da hotelaria em São Paulo

Quando tudo começou

A fundação do Colégio dos Jesuítas pelos padres José de Anchieta e Manoel da Nóbrega, em 25 de janeiro de 1554, marca o início do povoado de São Paulo de Piratininga. A região escolhida, situada no alto de uma colina entre os vales dos rios Tamanduateí – então chamado de Piratininga ("rio do peixe seco") – e Anhangabaú (Bueno, 2006: 186ss.), estava em local que oferecia segurança a seus moradores, pois, sendo elevado, permitia uma observação panorâmica das trilhas indígenas e dos caminhos que davam acesso ao litoral e ao interior. Pouco tempo depois, em 1558, o povoado passou a vila, mas ainda concentrando suas atividades em regiões próximas ao Colégio, formando o que hoje conhecemos como "centro velho" de São Paulo, tendo como pontos de referência o convento de São Francisco, o de São Bento (a partir de 1598) e o convento do Carmo.

Igreja do Pateo do Collégio (século XIX). Cartão-postal (1954), reproduzindo aquarela de José Wasth Rodrigues (1920). Edições Marfim Ltda. As aquarelas e óleos de Wasth Rodrigues, que integram a coleção de cartões-postais lançada em 1954, foram encomendados por Afonso d'Escragnolle Taunay, antes do centenário da independência (1922). As obras, baseadas em desenhos e fotos já existentes, contam com retoques para "melhorar" as imagens captadas pelas lentes de Militão e Gaensly, por exemplo, ou de desenhos como os de Thomas Ender. (Em Solange Ferraz de Lima. Pateo do Collegio, Largo do Palácio. Disponível em http://www.scielo.br/pdf/anaismp/v6-7n1/04.pdf)

Pateo do Collegio. Museu Anchieta e Igreja, 2012. Acervo pessoal.

Placa comemorativa. Pateo do Collegio, 2012. Acervo pessoal.

Em carta, um dos primeiros intelectuais do Brasil, o padre jesuíta português Fernão Cardim (Ribeiro, 1995: 179), que esteve em São Paulo nos anos de 1580, observa com benevolência e simpatia toda a atividade desenvolvida, e a natureza circundante:

> Piratininga é vila da invocação da conversão de São Paulo; está do mar pelo sertão dentro doze léguas; é terra muito sadia, há nela grandes frios e geadas e boas calmas, é cheia de velhos mais que centenários, porque em quatro juntos e vivos se acharam quinhentos anos. Vestem-se de burel, e pelotes pardos e azuis, de pertinas compridas, como antigamente se vestiam. Vão aos domingos à igreja com roupões ou bérnios de cacheira sem capa. A vila está situada em bom sítio ao longo de um rio caudal. Terá cento e vinte vizinhos, com muita escravaria da terra, não tem cura nem outros sacerdotes senão os da Companhia, aos quais têm grande amor e respeito e por nenhum modo querem aceitar cura. (Cardim *apud* Ribeiro, 1995: 191)

Com sua agricultura de subsistência, foi só a partir de 1640 que a vila de São Paulo ganhou alguma relevância, ao se iniciarem as expedições empreendidas pelos "bandeirantes". Diferente das demais, era a única vila da capitania de São Vicente

Mosteiro de São Bento (século XIX). Cartão-postal (1954), reproduzindo aquarela de José Wasth Rodrigues (1920). Edições Marfim Ltda.

que não ficava no litoral: mantinha-se em torno do colégio fundado pelos jesuítas e, graças à sua situação e aos seus rios, passou a servir como ponto de passagem entre o litoral e o interior, e, mais tarde, de pouso para tropas que, vindas do sul, levavam provimento para as "minas".

Antes disso, a escassez de lojas e de armazéns na vila de São Paulo obrigava a população a negociar produtos básicos para a sua alimentação com mercadores ambulantes, procedentes do litoral. Foi esse o motivo de Francisco Maldonado, procurador do Conselho, para propor, em 1599, a instalação de uma estalagem que abastecesse a vila com "coisas de comer e beber" (Bruno, v. I, 1954: 294). E a Câmara lançou um convite para conseguir algum interessado que se apresentasse.

Ao que indicam as fontes históricas, foi Marcos Lopes o primeiro a aceitar o convite da Câmara, mas as notícias iniciais sobre "estabelecimentos de hospedagem" são bastante imprecisas. O dado mais antigo está registrado pelos historiadores Ernani da Silva Bruno e Oscar Pilagallo. Eles nos contam que, em 1599, Marcos Lopes foi nomeado "hoteleiro oficial" (Bruno & Pilagallo, 2004), responsável pelo fornecimento de carne e farinha, entre outros produtos, além de atender os forasteiros, embora ainda não se possa dizer que o seu estabelecimento constituísse uma hospedaria.

Consta ainda que, alguns anos mais tarde, em 1603, teria sido aberta uma estalagem – de propriedade da cigana Francisca Rodrigues e também do barbeiro Gonçalo Ribeiro – que se transformou na segunda casa a oferecer pouso (Bruno, v. 1, 1954: 294).

O conforto oferecido aos viajantes era quase nulo. No local, as atenções "hospedeiras" eram dirigidas primeiro aos animais de carga e, só depois, às necessidades dos viajantes e de passageiros ou acompanhantes. Tanto assim, que a taxa cobrada era medida pelo consumo de pasto pelos animais e não pela permanência na "estrebaria", que também servia, em muitos casos, como acomodação para dormir.

Transformada de vila em cidade, em alvará datado de 11 de junho de 1771, é a partir do crescimento das relações comerciais que começam a surgir na região de São Paulo estalagens e ranchos destinados aos tropeiros (*ibidem*). Entre 1765 e 1775 – período em que o Morgado de Mateus (d. Luís Antônio de Souza Botelho Mourão), no governo da capitania de São Paulo, instaura a ideia de urbanização –, foram estabelecidos dois pousos entre a cidade e a Penha: o do Ferrão e o do Tatuapé (*ibid.*: 312).

Em 1776, já no governo de Martim Lopes, consta que o senhor Manuel Pereira Crispim, mais conhecido pela alcunha de "o Hospitaleiro", instalou uma "albergaria" que, por não ter aparência de senzala ou mesmo de estrebaria, diferenciava-se das demais.

(ao lado)
Igreja da Sé e Igreja de São Pedro (século XIX). Cartão-postal (1954), reproduzindo aquarela de José Wasth Rodrigues (1920). Edições Marfim Ltda.

(ao lado)
Rua da Quitanda com a rua do Comércio (século XIX). Cartão-postal (1954), reproduzindo aquarela de José Wasth Rodrigues (1920). Edições Marfim Ltda.

Aqui, vale destacar que, a partir da metade do século XVIII, por ser passagem entre o litoral e o interior rumo às minas de Goiás e Minas Gerais, São Paulo recebia um grande número de forasteiros, além de escravos fugidos, ladrões e aventureiros em geral. Para tentar coibir a violência, a desordem, os roubos e os assassinatos, criou-se uma fiscalização policial. Mais tarde, já no início do século XIX (1809), por exemplo, um Registro Geral da Câmara repudia as consequências nefastas causadas por estabelecimentos que negociavam bebidas e insistiam em permanecer com suas portas abertas "fora de horas", ou seja, "quando dessem oito horas da noite" (*ibid.*: 358-359). Essa situação somente será modificada a partir de 1845, devido ao grande crescimento do comércio, quando a Comissão permanente da Câmara redige um parecer proibindo que a polícia punisse as casas de negócio abertas depois das oito da noite.

Nessa passagem do século XVIII para o século XIX, já encontramos menções mais concretas sobre a existência de "ranchos" ou "pousadas", cujos clientes eram tropeiros, condutores de gado e um ou outro viajante. Portanto, os animais e a carga eram a grande preocupação. Por esse motivo, consta que a falta de locais específicos para pouso continuava sendo uma preocupação dos responsáveis pelo governo da capitania de São Paulo: em 1805, a Câmara determinou a construção de ranchos entre a vila de Itu e de Cubatão, visando à "comodidade das tropas e abrigo dos condutores" que circulavam com "açúcares que de sua natureza exigiam não serem molhados para não perderem o valor"[1] e, mais tarde, em 1828, na agora já província de São Paulo,[2] outros ranchos foram criados na saída da cidade, na direção da vila de São João de Atibaia: um no Barro Branco e outro na vila de Nossa Senhora do Desterro de Juqueri[3] (atual Mairiporã).

O mineralogista inglês John Mawe (1764-1829), viajante que – durante sua peregrinação pelo Brasil entre os anos de 1807 e 1811, em busca de pedras preciosas – chegou a São Paulo em 1807 através do Caminho do Mar, considerou o clima ameno e fresco, e a água, limpa. Sobre hospedarias, teria encontrado apenas uma "tolerável, mantida por um oficial da milícia", que o tratou com "muita cortesia", e onde foi reconfortado com "bastante leite, café e galinhas". Já chegando à cidade de São Paulo, havia uma

> grande estalagem ou hospedaria, onde são descarregadas as mulas e onde os viajantes, comumente, passam a noite. Consiste num grande telheiro sustentado por colunas de madeira, com divisões especiais para receber as cargas ou os fardos, das mulas, ocupando o viajante tantos quantos o exigirem a carga; existe um terreno, com cerca de cem jardas de circunferência, onde estão fincadas pequenas estacas,

---

[1] *Registro Geral da Câmara da Cidade de São Paulo*, XIII, p. 288, *apud* Bruno (v. I, 1984: 312).
[2] Em 1821, a capitania transformara-se em província.
[3] *Atas da Câmara Municipal de São Paulo*, XXIV, p. 171.

distantes uma das outras dez a vinte passos, que servem para amarrar as rédeas das mulas, enquanto são alimentadas, encilhadas e carregadas. Estas estalagens são muito comuns em todos os pontos do Brasil. (Mawe, 1978: 62)

O botânico francês Auguste de Saint-Hilaire (1779-1853), por sua vez, esteve no Brasil entre 1816 e 1822, e, em 1819, fez curta permanência em São Paulo. Ao aproximar-se da cidade, o primeiro rancho em que se hospedou foi o Rancho Feliz, situado a pouco mais de cinco léguas do pico do Jaraguá, na direção de quem seguia rumo ao centro da cidade. As próprias palavras do naturalista são esclarecedoras:

Parei num rancho real, denominado Rancho Feliz, semelhante ao de Capivari, e igualmente sujo, mas onde os bichos de pé eram menos numerosos. Várias tropas já tinham descarregado ali as suas mercadorias. Os sacos de sal e os jacás de açúcar estavam dispostos em ordem num canto do rancho. Havia fogos acesos em vários pontos, e a fumaça e a poeira enchiam o rancho, tornando difícil trabalhar ali. (Saint-Hilaire, 1976: 116)

Prosseguindo sua viagem rumo à cidade, Saint-Hilaire hospedou-se a três léguas do centro, ainda nas proximidades do Jaraguá, no Rancho do Capão das Pombas. Aí sua apreciação foi a seguinte:

Passei a noite num rancho real denominado Rancho do Capão das Pombas. Era o maior de todos os que eu já tinha visto até então. Media 39 pés de comprimento por 16 de largura e suas paredes, onde havia três amplas aberturas, eram feitas de taipa, como as dos outros ranchos reais. E, como os outros, esse também era coberto de telhas e a armação do telhado era muito bem-feita. (*Ibid.*: 117)

Já bem próximo da cidade de São Paulo, Saint-Hilaire menciona a existência de outro pouso:

A cerca de meia légua da cidade ainda se encontra um rancho real, o de Água Branca, muito confortável para os viajantes, que em São Paulo têm tanta dificuldade em encontrar alojamento quanto nas outras cidades do interior do Brasil. (*Ibid.*: 121)

Ao ingressar na cidade, atendendo às recomendações, Saint-Hilaire hospedou-se no Albergue do Bexiga, cujo proprietário, Antonio Bexiga,[4] oferecia estadia gratuita aos viajantes, cobrando apenas pelos animais. O rancho estaria localizado entre o riacho Saracura (atual avenida Nove de Julho) e o riacho do Bexiga (atuais ruas Humaitá e Japurá). Esse episódio, datado de 29 de outubro de 1819, é descrito pelo botânico da seguinte forma:

---

4 Há dúvidas se o sobrenome de Bexiga teria dado nome ao atual bairro do Bixiga ou se o local já era assim denominado, e Bexiga o teria incorporado ao seu nome. O fato é que Saint-Hilaire se refere a ele como o "amável Bexiga".

> Entramos na cidade por uma rua larga (29 de outubro de 1819), margeada por casas pequenas mas bem cuidadas, e depois de passarmos por uma fonte bastante bonita e, em seguida, pela ponte de Lorena, feita de pedras, sobre o Córrego de Anhangabaú, chegamos ao albergue do amável Bexiga. Meus burros foram levados para um pátio lamacento, limitado de um lado por um fosso e dos outros por pequenas construções. Tratava-se dos alojamentos destinados aos viajantes. Bexiga dava a estes permissão para levarem os burros para os seus pastos, mediante o pagamento de 1 vintém por noite e por cabeça, e ao viajante não era cobrado nada. Quando não se paga, não pode ser muito exigente. Entretanto, não pude deixar de sentir um arrepio quando me vi num cubículo úmido, infecto, de uma sujeira revoltante, sem forro, sem janela, e tão apertado que, embora nossas malas tivessem sido empilhadas umas sobre as outras, pouco espaço sobrava para nos mexermos. Esse triste alojamento me fez ansiar ardentemente pelos ranchos do sertão. (*Ibid.*: 121)

Vale lembrar que Saint-Hilaire contava com uma carta de recomendação fornecida pelo governador de Goiás. Embora não fossem garantia de hospedagem, as cartas de apresentação, recomendação ou portarias de autoridades (Pires, 2001: 134) eram uma forma bastante comum e apreciada pelos estabelecimentos de hospedagem para permitir a entrada dos viajantes e, inclusive, para que eles conseguissem ser recebidos numa residência particular. Como afirma Saint-Hilaire, a carta e o passaporte foram apresentados ao capitão-geral João Carlos Augusto d'Oeynhausen, garantindo-lhe não só a hospedagem, mas também o acesso à elite local (Saint-Hilaire, 1976: 141). Ao deixar a cidade, o naturalista providenciou uma carta de recomendação por parte do capitão-geral de São Paulo, permitindo-lhe assim uma boa acolhida em Itu, sua próxima parada (*ibid.*: 135).

Os caminhos que levavam a São Paulo eram bastante acidentados, lamacentos, o que contribuía para que poucos viajantes, fossem provenientes do estrangeiro ou de outras províncias, visitassem a capital. Portanto, difícil era encontrar hospedagem, mais ainda sem a carta de recomendação. A atitude dos paulistas para com os estrangeiros era de desconfiança, pois, segundo Saint-Hilaire, os paulistanos conheciam poucos estrangeiros e, em geral, eram *d'une classe inférieure* (Saint-Hilaire *apud* Morse, 1970: 57).

Para tentar garantir a segurança da população, que vivia um clima de insegurança em função da abdicação de d. Pedro I, em 7 abril de 1831, foi redigida no mesmo ano a seguinte postura, na intenção de garantir a ordem pública:

> Ninguem poderá dar pousada, ou alugar casa, a pessoa desconhecida neste Município, por mais de vinte e quatro horas, sem que primeiro seja apresentada ao Juiz de Paz do logar, e obtenha delle uma declaração de sua entrada, e só com este documnto se lhe poderá prestar residencia. Os contraventores serão castigados em quatro dias de prizão e dois mil reis de condenação. (Sant'Anna, 1937-1944, IV: 191, *apud* Morse, 1970: 57)

(ao lado)
Rua Quinze de Novembro (século XIX). Cartão-postal (1954), reproduzindo aquarela de José Wasth Rodrigues (1920). Edições Marfim Ltda.

(ao lado)
Rua do Rosário (século XIX). Cartão-postal (1954), reproduzindo aquarela de José Wasth Rodrigues (1920). Edições Marfim Ltda.

Em 1822, o ano da Independência, os dados estatísticos revelam uma São Paulo voltada para o comércio: havia três boticários, 46 negociantes de fazenda seca, 45 de molhados e dois de ferragens, concentrados em sua maioria nas ruas do Rosário (23 casas comerciais), Direita (dezesseis casas), do Comércio (vinte casas) e São Bento (nove casas). Saint-Hilaire considerou as lojas bem sortidas e bem arrumadas, além de venderem a preços mais baixos do que no Rio de Janeiro (*ibid.*: 132). Mas é Affonso de Freitas, historiador do Instituto Histórico e Geográfico de São Paulo, a apontar que, nesse ano, São Paulo já contava com duas casas onde era possível jogar bilhar (Freitas, 1933). Nos anos seguintes, constata-se a elevação do número de casas que ofereciam esses divertimentos.

O Decreto de 11 de agosto de 1827 oficializa a implantação da Academia de Direito do Largo São Francisco. A instituição, que abriu suas portas em março do ano seguinte, em pouco tempo tornou-se referência na área de direito. Assim, ano a ano, elevava-se o número de estudantes em suas dependências, contribuindo para o crescimento da população que vinha de fora da cidade apenas pelo tempo suficiente para concluir o curso, ou nem isso. Por esse motivo, torna-se necessário ampliar as opções de hospedagem, lazer e alimentação. Desse modo, além de criar

Palácio do Bispo, na rua do Carmo (século XIX). Cartão-postal (1954), reproduzindo aquarela de José Wasth Rodrigues (1920). Edições Marfim Ltda.

acomodações, abrem-se estabelecimentos que contam com jogos de bilhar e outros, assim como cafés e confeitarias.

Outro naturalista, Alcide Dessalines D'Orbigny (1802-1875), que realizou uma excursão pelo Brasil depois de Saint-Hilaire, tendo partido da França em 1826, esteve também na cidade de São Paulo, e descreve suas ruas

> largas e bem cuidadas; as casas quase sempre de dois pavimentos. Raramente são feitas de tijolo, mais raramente ainda de pedra, mas, em geral, de uma espécie de taipa. A residência do governador tem um belo estilo, apenas não está muito bem conservada. O palácio [sic] episcopal e o convento dos carmelitas são os edifícios maiores e mais bonitos [...] O Tenente-coronel Muller construiu, fora da cidade, um circo para touradas e três pontes de pedra, sobre dois ribeirões, Tamandataí e o Inhagabadí. (D'Orbigny, 1976: 175)

Para D'Orbigny, os habitantes da cidade de São Paulo, embora "de uma franqueza rude, uma tendência indisfarçável para a cólera e para a vingança e muito orgulho, o que ainda os torna temidos pelos vizinhos", são dotados de características que "podem compensar perfeitamente os defeitos" – "hospitaleiros, prestativos, ativos, industriosos", têm o "gênio inventivo e a imaginação ardente" (*ibid*.: 175, 177).

Na planta da cidade, Affonso de Freitas já aponta existirem, em 1828, outros quatro ranchos, como o do Lavapés, de propriedade da família Jardim (considerado distante do centro); o da ponte do Ferrão, na Várzea do Tamanduateí; sendo outro no Bixiga, na margem do córrego Anhangabaú; e, por fim, no Guaré ou Luz, região norte da cidade.

Citado por Bruno, Vieira Bueno mostra que, em 1830, São Paulo contava apenas com albergarias para tropeiros: "fileiras de quartos contíguos, de uma porta só, com um pasto junto" (Bueno, 1976, *apud* Bruno, v. II, 1984: 689), pois havia poucos viajantes procedentes do interior e menos ainda do exterior. E que, em geral, os visitantes buscavam hospedagem e alimentação em casas de particulares.

Quanto a isso, há notícias de que, no ano de 1834, no largo do Piques (atual praça da Bandeira, proximidades do largo da Memória), dois franceses, Charles (casado com uma viúva de nacionalidade portuguesa) e Fontaine, estabeleceram uma hospedaria, dirigida pelos três. A casa era conhecida como Hospedaria do Charles, embora não conste registro do nome oficial do estabelecimento. Suas instalações, se comparadas com as dos ranchos, eram de melhor qualidade: além do pátio para pastagem, forneciam refeições, água e diversos secos e molhados, e os quartos eram iluminados com lamparinas a óleo ou sebo. O desconforto, no entanto, era uma característica que permanecia.

Largo da Memória e Chafariz (século XIX). Cartão-postal (1954), reproduzindo aquarela de José Wasth Rodrigues (1920). Edições Marfim Ltda.

A Hospedaria do Charles recebia tão somente hóspedes portadores de carta de apresentação ou recomendação, outorgada por alguma autoridade do Império ou, ainda, por alguma outra pessoa de reconhecido prestígio. Nessa "restrição", é possível observar uma primitiva forma de ter garantida a idoneidade do cliente e, talvez, também uma garantia de pagamento dos serviços.

Vale mencionar que o proprietário, mesmo sendo francês (ou por isso mesmo), evitava aceitar franceses, porque, segundo ele, eram as pessoas que mais problemas lhe causavam – entenda-se isso como falta de pagamento. Eis uma característica do negócio que se configurava já naquela época: é preciso evitar clientes que, literalmente, fogem do hotel sem pagar suas contas.

Em 1839, o pastor metodista anglo-americano Daniel P. Kidder (1815-1891), durante sua visita a São Paulo, veio acompanhado de outros naturalistas, entre eles o conhecido botânico francês Jean Baptiste Antoine Guillemin (1796-1842) e Houlet, subchefe da seção tropical do museu de Paris. Por não portarem carta de apresentação, ambos os acompanhantes ficaram sem alternativa a não ser refugiarem-se numa casa miserável e suja, onde "chovia tanto como na rua" (Kidder, v. I, 1980: 182, *apud* Bruno, v. II, 1984: 689). Sobre o fato, relata Kidder:

Tinha (o dono) como norma não receber quem não trouxesse carta de recomendação. Conhecedor dessa exigência, um cavalheiro de nossas relações forneceu-nos o necessário documento. Os naturalistas do nosso grupo não esperavam por tal formalidade e, por cúmulo da má sorte, o nosso hospedeiro havia tomado uma terrível quizila contra os seus patrícios, alegando que *les français m'ont toujours trompé.*[5]

Sobre esse episódio, também há menção em Auguste de Saint-Hilaire. Ele conta ter havido em São Paulo, em 1839, uma hospedaria francesa que recusou o "ilustre" Guillemin, porque este não possuía carta de recomendação. Assim, por falta de opção, o naturalista teve de asilar-se numa taverna coberta de imundície e de cujo teto a água da chuva caía aos borbotões (Saint-Hilaire, 1976: 121ss. e nota 312).

Por volta da mesma época (1836-1840), o botânico inglês George Gardner, outro viajante, confirma a dificuldade para conseguir acomodações fora do Rio de Janeiro, da Bahia e dos locais de mineração, e relata que, em sua maioria, as casas que oferecem hospedagem pertencem a estrangeiros. Outra característica apontada por Gardner é que os brasileiros, ao viajar, levavam consigo "criado, provisões, apetrechos de cozinha e camas" (Gardner, 1975: 94, *apud* Bruno, v. II, 1984: 690).

Já no livro de memórias escrito por Junius – pseudônimo do carioca Firmo de Albuquerque Diniz, que fez carreira no Rio de Janeiro depois de estudar na Academia de Direito em São Paulo entre 1848 e 1852 –, ao retornar para São Paulo trinta anos mais tarde, está a reminiscência:

> Em nosso tempo não havia hotel: tínhamos o pequeno restaurante do velho Charles e o do Frederico Fontaine. Quando íamos cear a qualquer deles, procedíamos com cautela, porque ir a uma casa dessas não era então um ato que recomendasse o freguês à estima pública, trazia um não-sei-quê de desconsideração. (Diniz, 1978)

Outro depoimento – de Samuel Greene Arnold, um viajante americano da época – dá conta de que, em 1847, havia em São Paulo apenas uma pousada e dois restaurantes. Ao que parece, são os mesmos citados por Kidder e Junius.

Richard Francis Burton (1821-1890), um viajante inglês do século XIX, que também exerceu a função de cônsul da Inglaterra em Santos entre 1865 e 1868, teve a chance de conhecer as regiões de São Paulo e de Minas Gerais, tornando-se o primeiro a elaborar uma classificação sobre os locais de hospedagem disponíveis na região, a saber (Burton, v. I, 1983: 177s, *apud* Bruno, v. I, 1984: 311):

- simples pouso para tropeiros;
- pouso com telheiro coberto ou rancho, ao lado das pastagens;

---

[5] "Os franceses sempre me enganaram"; em Kidder (v. I, 1980: 200) *apud* Pires (2001: 135).

- venda ou empório de aldeia inglês, combinado com a mercearia e a hospedaria, com um quarto para acomodação de estranhos;
- estalagem ou hospedaria;
- hotel.

Burton descreve os ranchos como estabelecimentos sujos e desconfortáveis, cujas "acomodações [são] precaríssimas e desprovidas de qualquer conforto e sem ponto de comparação com as pousadas e casas de pasto existentes na Europa e Inglaterra" (*ibidem*). Os ranchos, erguidos à beira das estradas por onde passavam os tropeiros, podiam ser construídos tanto por particulares, pelos donos das terras, como à custa do tesouro real, sendo então conhecidos como ranchos reais (Pires, 2001: 157).

O Triângulo

No final de 1840, teve início a construção de um elegante edifício destinado a ser um hotel, provocando alguma mudança no quadro hospedeiro de São Paulo. Atualmente, sua localização seria onde se encontra a praça do Patriarca, um dos vértices do chamado "triângulo histórico" de São Paulo. Tal nome se deve à figura geométrica formada pela rua da Imperatriz (antiga rua do Rosário e atual Quinze de Novembro), pela rua São Bento e pela rua Direita que, partindo do mesmo ponto – a Igreja de São Pedro, no largo da Sé – cruzavam em pontos diferentes a rua São Bento.

Mapa do "triângulo" configurado pelas ruas Direita, Quinze de Novembro e São Bento.

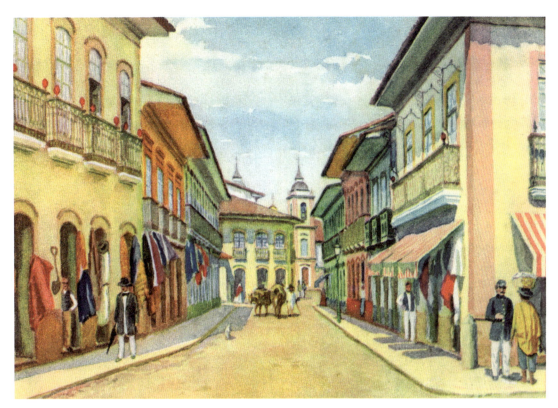

Rua Direita, tendo ao fundo a Igreja de São Pedro, no largo da Sé (século XIX). Cartão-postal (1954), reproduzindo aquarela de José Wasth Rodrigues (1920). Edições Marfim Ltda.

O centro histórico continuou desse modo até 1910, com pequenas mudanças, quando teve início sua primeira grande reforma, que se estendeu até 1914, com o alargamento e a melhoria da pavimentação em algumas vias públicas (Bruno, v. III, 1984: 968s), agora calçadas com paralelepípedos.

Hotel das Quatro Nações, depois, Hotel Itália e Hotel de França: a elegante hotelaria de São Paulo

Finalizada a construção do edifício no vértice do "Triângulo", o primeiro estabelecimento a abrir aí suas portas foi o Hotel das Quatro Nações, que ficou famoso pelos agitadíssimos bailes de carnaval que proporcionava aos paulistanos. Os círculos sociais mais conservadores consideravam esses bailes "pouco recomendáveis". Além do Hotel das Quatro Nações, outros estabelecimentos que também passaram a oferecer "bailes de máscaras" entre 1864 e 1866 foram o Tivoli Paulistano e o Teatro São José (Amaral, 1980: 114).

Em 1859, o até então Hotel das Quatro Nações foi adquirido pelo italiano Giuseppe (ou José) Maragliano e passou a operar sob o nome de Hotel Itália. Com a morte de Maragliano, sua viúva mudou novamente a denominação do estabelecimento para Hotel Maragliano. Em 1860, Alphonse Worms transfere sua joalheria para o piso térreo desse hotel, buscando clientes mais refinados e abastados do que aqueles que frequentavam o Hotel Universal (onde antes estava instalado), situado no largo do Palácio (atual Pateo do Collegio).

Em 1868, o jovem poeta Castro Alves veio cursar direito no Largo São Francisco. Durante sua permanência de dois anos em São Paulo, o poeta dividia um quarto com outro estudante, Rui Barbosa, nesse estabelecimento (Lopes, 2010).

Na mesma época, em 1869, o local foi comprado pela francesa Mme. Amelia Fretin, uma das poucas mulheres empreendedoras da época (em 1895, seu filho, Albert Louis Fretin, fundaria a "Casa Fretin", loja de artigos importados que ganhou fama pelas novidades e pela qualidade dos produtos que oferecia aos consumidores). O prédio passa por uma grande reforma – tendo agora o nome de Hotel de França. Pelo que se depreende do anúncio publicado em 1888, cujo texto é reproduzido abaixo,[6] o Hotel Maragliano continuou funcionando, mas em outro endereço, agora na rua de São Bento, 54.[7] Vale ressaltar também o interesse da viúva Maragliano em oferecer outros serviços além da hospedagem, como fornecimento de refeições e encomendas para eventos.

HOTEL MARAGLIANO
54 – RUA DE S. BENTO – 54
(Esquina do Largo do Chafariz do Rosario)
Salas e quartos claros e arejados, todos com janellas para a rua de São Bento e largo do Rosario, boas accomodações para familias e passageiros. Serviço de mesa a cargo de um habil cosinheiro o confeiteiro. Recebe pensionistas. Fornece comida para fóra. Recebe encomendas.
O estabelecimento é fiscalisado pela proprietária
VIÚVA MARAGIANO
Fala-se Inglez, Francez, Italiano, Hespanhol e Portuguez.
BONDS A PORTA PARA TODAS AS LINHAS.
SÃO PAULO

O *Almanach Litterario Paulista* de 1878 publicou um anúncio que destacava o Hotel de França, de Mme. Amelia Fretin, como sendo "o mais antigo desta capital":

---

[6] Extraído de anúncio do Hotel Maragliano, respeitada a grafia da época. Em Seckler (1888: 126). Notam-se erros tipográficos em duas linhas: "o confeiteiro", na realidade "e confeiteiro"; "viúva Maragiano", quando devia constar "viúva Maragliano".

[7] Há um anúncio da Companhia Telégraphos Urbanos em *O Correio Paulistano*, de 10-1-1894, em que, ao telefone 22, do Hotel de França, segue-se o de número 23 do Hotel Maragliano (Acervo do Arquivo do Estado).

Grande Hotel de França
Palacete dos Quatro Cantos [...]
Este hotel o mais antigo desta capital [...] é o único que proporciona aos srs. viajantes e suas exmas. famílias acomodações independentes e arejadas com janellas para as ruas Direita e de S. Bento.
O pessoal deste estabelecimento é o melhor possível, sendo um excellente cosinheiro.
46 – Rua Direita – 46
S. Paulo

Uma fotografia de Militão Augusto de Azevedo, de 1887, revela que nos baixos do Hotel de França, a elegante Casa J. Tallon, bem na esquina da rua Direita com rua de São Bento, vendia moda feminina e armarinhos.

A Pendula Paulista, fabricante de joias e relógios, menciona o Hotel de França, diante do qual se situa, provavelmente para dar conta de sua localização privilegiada, como se pode inferir da reprodução do texto de seu anúncio.[8]

A PENDULA PAULISTA
MANOEL BORGES DE CARVALHO
Tem sempre um explendido sortimento de
RELOGIOS E JOIAS
Preços sem competidor   Tudo se vende afiançado
Fabrica de joias e concerto de relogios
38 – RUA DIREITA – 38
(Em frente ao Hotel de França)
SÃO PAULO

Em 1893, uma nova reforma permitiu ao hotel operar com 62 aposentos. Foi durante essa reforma que Guilherme Lebeis o adquiriu.

E o Hotel de França ficou famoso. Em seus relatos, Junius transcreve a conversa mantida com o condutor do "carro" que o levaria da Estação do Norte até o hotel, e que revela a fama ou, talvez, algum investimento em divulgação então realizado:

– Se V. S. quiser, disse-me ele, eu o levarei ao Hotel de França: também é excelente, e está no centro da cidade: o proprietário, o sr. Guilherme, é muito afável para com os hóspedes. (Diniz, 1978: 29)

Apesar da tentativa do condutor, Junius optou por hospedar-se no Grande Hotel, o concorrente situado quase no outro vértice do triângulo, na rua São Bento (e do qual falaremos mais adiante).

---

8 Extraído de anúncio d'A Pendula Paulista, respeitada a grafia da época. Em Seckler (1888: 42).

Em 1866, o jovem carioca Alfredo Moreira Pinto (1847-1903) saiu do Rio de Janeiro para estudar na Academia de Direito em São Paulo, no largo São Francisco, e, como tantos outros, retornou à sua cidade natal, onde fez carreira, ganhando projeção como ativista republicano. Apenas em 1900 Moreira Pinto volta a visitar a cidade de São Paulo, decidindo escrever suas impressões sobre as mudanças e crescimento da cidade:

> Era então São Paulo uma cidade puramente paulista, hoje é uma cidade italiana! [...] S. Paulo, quem te viu e quem te vê! Não passavas, naquelles tempos, de uma pobre aldeia, completamente segregada do Rio de Janeiro. [...] Tinhas então as tuas ruas sem calçamento, iluminadas pela luz baça e amortecida de uns lampeões de azeite, suspensos a postes de madeira; tuas casas, quasi todas térreas, tinham nas janellas umas rotulas, através das quaes conversavam os estudantes com as namoradas; os carros de bois guinchavam pelas ruas, sopesando enormes cargas e guiados por miseros captivos, que empunhavam compridas varas com um ferrão na ponta. (Pinto, 1979: 7-8)[9]

O advogado Alfredo Moreira Pinto passeou pela cidade, visitou os lugares que frequentava na juventude e teceu diversas observações a respeito, comparando as duas épocas ou, simplesmente, comentando a nova São Paulo. Percorrendo "a pé todas as ruas, alamedas, avenidas e largos" (*ibid.*: 224), Moreira Pinto fala do Hotel de França:

Hotel de França
Occupa quatro predios sem gusto e está situado na rua Direita canto da rua de S. Bento. Tem 62 commodos para hospedes (*ibid.*: 178).[10]

Esse hotel foi, por muitos anos, uma casa tradicional e de prestígio, destacando-se por seus serviços de restaurante e bar, considerados os melhores da cidade, sob a direção de Planel, um antigo soldado zuavo, conhecido por seu rigor. Em visita a São Paulo, o visconde de Taunay hospedou-se no Hotel de França, tendo revelado em suas memórias que o estabelecimento era frequentado "por tudo quanto São Paulo tinha de melhor no pessoal masculino", e que as atrações eram as ótimas refeições, o excelente serviço e a limpeza: "serviam-no escravos, muito asseadamente trajados e marchando que nem fusozinhos sob o olhar penetrante do senhor, diante do qual todos tremiam, embora os castigos corporais fossem excepcionais" (Taunay, 2005: 156). O hotel era procurado especialmente por artistas de teatro (os de mais recursos, como Pepa Ruiz, Rosa Villiot e Cristina Massart,

---

[9] A primeira edição do livro data de 1899 e a segunda, que recebeu acréscimos, é de 1900.
[10] Foi mantida a ortografia do autor.

entre outros) quando estavam em São Paulo (Bruno, v. III, 1984: 1151). O Hotel de França manteve-se em atividade até 1909, e a construção que o abrigava foi demolida em 1912.

Sobre o movimento dos hotéis, Junius compara 1848, época em que era um jovem estudante iniciando o curso da Academia de Direito no largo São Francisco, com o momento de sua visita, em 1882:

> Sem a menor dúvida: basta dizer-te que todos os hotéis da cidade estão constantemente cheios de hóspedes: não falo só dos estabelecimentos de primeira ordem, que aqui temos, o Grande Hotel, Hotel de França e Hotel Maragliano; refiro-me também aos hotéis secundários, aos que estão nas imediações das estações de linhas férreas e a outros ainda inferiores: há gente para todos.
>
> E podes acreditar que até a respeito de hotéis, estamos hoje em condições vantajosas, desconhecidas no nosso tempo de moços. (Diniz, 1978: 44)

Um anúncio do Hotel de França, publicado em 1908, veiculava as seguintes informações:[11]

HOTEL DE FRANÇA
de ALVARO de BARROS
Rua Direita, 49 – S. Paulo

No natural empenho de elevar o numero dos assiduos freguezes de meu estabelecimento denominado

HOTEL DE FRANÇA

á rua Direita, 49, nesta Capital, communica á Vas. Sas. que reduzi a 7$000 as diarias para os aposentos com frente para as ruas Direita e S. Bento, e a 6$000 para os demais commodos do Hotel, os quaes, independentes daquella vantage, offerecem o mesmo conforto e commodidades.

É excusado mencionar aqui o tratamento e as attenções dispensadas aos meus amigos e freguezes, especialmente ás Exmas. Familias, porquanto, é facto no dominio publico, o que muito tem contribuido para a permanencia do estabelecimento e seu crescente desenvolvimento.

Espero continuar a merecer de Vas. Sas. a mesma confiança até aqui dispensada e rogo pedir aos seus amigos a preferencia ao meu Hotel, em vista das reducções ora feitas.

Agradecendo antecipadamente seus officios de amizade, subscrevo-me com subida estima e consideração.

De V. S. Amg. Crd. Obr.

Alvaro de Barros

---

[11] Extraído de anúncio do Hotel de França, respeitada a grafia da época. Em *A Chronica*, São Paulo, fevereiro de 1908, ano I, nº 2, p. 19. Anúncio do Hotel de França. Disponível em http://www.arquivoestado.sp.gov.br/upload/pdfs/CHR19080202.pdf. Acesso em 29-12-2011.

Vale ainda destacar o fato de ter sido o Hotel de França, em 1884, o primeiro estabelecimento de seu gênero em São Paulo a possuir aparelho telefônico; seu número era o 22. Os nomes dos assinantes dos serviços telefônicos, em seus primeiros anos, eram publicados nos jornais. Somente mais tarde é que teve início a publicação de listas telefônicas nos moldes das atuais.

Os serviços telefônicos

Oitenta anos antes da demolição do Grande Hotel para transformar-se em conjunto comercial, começavam a ser instaladas, em 1884, as primeiras linhas telefônicas de São Paulo, pela Companhia Telegraphos Urbanos, tornando-se um diferencial nos hotéis. O Hotel de França foi o primeiro a ter uma linha telefônica.

A Província de São Paulo, de 6 de janeiro, publica o seguinte anúncio:

> Companhia Telegraphos Urbanos – Esta Companhia, a ÚNICA COMPETENTEMENTE AUTORISADA pelo governo geral, e com respectiva concessão da Ilma. câmara municipal para assentamento de linhas e centros de ligação telephonica n'esta cidade, pretende introduzir aqui esse importante melhoramento, hoje tão bem aceito em toda a parte, e julga-se nas condições de bem servir o público, colocando os mais modernos e mais aperfeiçoados apparelhos, para o que está habilitada por contratos especiaes que tem para o seu fornecimento com todos os fabricantes dos Estados Unidos e da Europa. O assentamento de linhas deve começar immediatamente. Para mais minuciosas informações, ou qualquer negócio com a Companhia o público pode dirigir-se à casa dos srs. Guye Mattos e Cª., travessa do Collégio, onde se recebem assignaturas.

A mesma edição apresentava um artigo no qual a Companhia Telegraphos Urbanos se prontifica a instalar o serviço gratuito a todos os "jornaes, à presidência da Província, Assembléia Provincial e Santa Casa de Misericórdia". Formada por capital norte-americano, encabeçada pela Tropical American Telephone Company, a empresa causa outra surpresa, apenas dois dias depois. A 8 de janeiro de 1884 saía sua primeira lista, composta por 22 "assignantes":

1 - Santa Casa de Misericórdia
2 - Assembleia Provincial
3 - Câmara municipal
4 - Presidência da Província
5 - Província de São Paulo

6 - Correio Paulistano

7 - Diario de São Paulo

8 - Jornal do Commercio

9 - Gazeta do Povo

10 - Gazeta Liberal

11 - New London & Brasilian Bank

12 - Banco Mercantil de Santos

13 - Lebre, Irmão & Sampaio

14 - Guye Mattos & Comp.

15 - Moreira & Abílio Soares

16 - Fenilli & Comp.

17 - J. Aguiar & Comp.

18 - Luiz Manoel da Silva

19 - José Paulo

20 - Carvalho Costa & Pires

21 - Azevedo & Comp. – Ao Globo

22 - Hotel de França.[12]

Hóspedes sem carta de apresentação

Em 1846, Ida Pfeiffer (1797-1858) tornou-se uma das primeiras mulheres exploradoras da história. Nascida em Viena, viúva desde 1838, decidiu concretizar seu sonho de criança e empreendeu uma volta ao mundo durante dois anos. Durante sua passagem pela América do Sul, permaneceu 24 horas na cidade de São Paulo e queixou-se da falta de locais para hospedagem, dizendo textualmente:

> Bati inutilmente à porta de três hospedarias, uma alemã, outra francesa e a terceira portuguesa e não fui recebida em nenhuma das três pela mesma razão pela qual meu amigo Guillemin foi recusado: não trazia carta de recomendação.

Indignada, deixou a cidade no dia seguinte, protestando contra os donos de estabelecimentos de hospedagem em São Paulo. Em suas memórias de viagem, expressou-se nos seguintes termos:

> As preocupações tomadas pelos hoteleiros de São Paulo certamente mostram que o Brasil não tem sido visitado por pessoas muito respeitáveis. (Pfeiffer, 1971)

---

[12] Emanuel von Lauenstein Massarani, 1984. Disponível em: http://www.novomilenio.inf.br/santos/h0287j04.htm . Acesso em 15-12-2011.

Ao mencionar estabelecimentos que não aceitaram sua entrada, Ida Pffeifer referia-se à Pensão do Alemão, na rua do Ouvidor (atual rua José Bonifácio) e à Hospedaria do Charles.

Entre 1850 e 1856, inauguraram-se diversos estabelecimentos hoteleiros em São Paulo, e alguns deles decidiram abolir de vez a "carta de apresentação", o que facilitou a permanência dos viajantes na cidade.

O Hotel do Commercio, junto ao Teatro da Ópera, introduziu uma grande novidade para a época: além do café, oferecia uma ampla sala de bilhar para a distração de seus hóspedes. O pastor presbiteriano James Fletcher, que permaneceu no Brasil entre 1850 e 1853, durante sua visita a São Paulo, observou que o "Hotel do Comércio ficava aberto até 11 horas da noite e, quando havia teatro, até uma hora depois do espetáculo; orgulhava-se de um chefe europeu competente e esperto, de uma padaria a serviço do público e de uma sala de bilhar" (*Correio Paulistano*, 31-3-1859 e 19-6-1859, *apud* Morse, 1970: 140). O mesmo Fletcher considerou que os hotéis, embora simples, "traziam para um terreno 'neutro' as soirés do sobrado patriarcal, proporcionavam facilidades para um ou outro jogo, ofereciam uma cozinha dita continental e ajudavam a desfazer a sonolenta calma nas noites provincianas" (Kidder & Fletcher, 1857: 362, *apud* Morse, 1970: 140).

Madame Felícia Lagarde, primeira mulher em São Paulo a dirigir como única proprietária uma casa de hospedagem, fundou o Hotel da Providência em 1854-1855, também colocando à disposição de seus hóspedes jogos de bilhar.

Por sua vez, o Hotel Universal, estabelecido no largo do Palácio (o coração do centro da cidade), foi o primeiro a oferecer a seus clientes e à sociedade local salões de dança e de banquetes, tornando suas dependências um ponto de referência para a sociedade paulistana. No piso térreo do Hotel Universal, instalou-se em 1857, onde funcionou por aproximadamente três anos, a joalheria de Alphonse Worms, que anunciava orgulhosamente o seu endereço associado ao do Hotel.

Alguns hotéis inaugurados entre 1850 e 1856

Hotel	Endereço	Proprietário	Diferenciais
Hotel Imperial	rua Boa Vista	(sem referências)	(sem referências)
Hotel Brazil	largo da Sé, 2	(sem referências)	(sem referências)
Hotel Paulistano	rua São Bento, 31, esquina com ladeira do Acu	Adolpho Dusser	Não exige carta de apresentação Excelente casa de pasto Hospedagem de refinado bom gosto à moda francesa

(cont.)

Hotel do Commercio	rua da Fundição, esquina largo do Palácio	Hilário Pereira Magro	Não exige carta de apresentação Introduziu o salão de bilhar
Hotel da Providência	rua do Comércio	Madame Felícia Lagarde	Não exige carta de apresentação Tem salão de bilhar
Hotel Universal	largo do Palácio (Pateo do Collegio)	J. Lefevre (ou Lefèbre)	Não exige carta de apresentação Salão de danças Salão de banquetes Considerado um dos melhores da cidade

O Hotel Recreio Paulistano, na rua da Imperatriz, inaugurado em 1857 por Antônio Joaquim de Lima, era considerado um dos melhores da cidade. O hotel oferecia diariamente

café com leite, chá e chocolate das 7 às 10 da manhã e das 3 da tarde às 11 da noite. Em seu salão os paulistanos encontravam jornais da côrte e da cidade bem como os jogos de chadrez, dominó, damas e gamão, tudo para recreio de seus fregueses.[13]

O zoólogo suíço Louis Agassiz também esteve em viagem pelo Brasil (não passou por São Paulo) entre abril de 1865 e julho de 1866, como chefe da expedição Thayer. Em *Journey to Brazil* – livro publicado em 1868, contendo as memórias dessa viagem escritas em coautoria com sua esposa Elizabeth, que o acompanhava –, há um depoimento que revela como eram planejados os deslocamentos de pessoas abastadas, que preferiam alojar-se em casas particulares em vez de escolher hotéis. A família Agassiz teve conhecimento do caso de

uma senhora abastada do interior que viajando para a cidade a fim de se demorar algumas semanas fez-se acompanhar de uma tropa de trinta e uma bestas de carga conduzindo toda a bagagem imaginável, sem contar as provisões de toda a espécie, e uma comitiva de vinte e cinco criados. [...] Era como se a casa toda fosse andando com ela por esse mundo de Deus. (Louis & Elizabeth Agassis, 1868: 55-56, *apud* Bruno, v. II, 1984: 692-693)

Era costume os grandes latifundiários possuírem uma residência na cidade, evitando qualquer permanência em hotéis. Tais casas ficavam fechadas na maior parte do tempo, sendo utilizadas apenas quando ocorressem viagens da família ou empréstimos a amigos ou parentes que precisassem pousar em São Paulo.

---

[13] *Correio Paulistano*, 5-1-1957, São Paulo (cid.) Hotéis. Pasta 17.000.

O crescimento da atividade comercial – e, especialmente, o grande número de estudantes que vinham de longe, em geral em companhia de pelo menos um escravo ou criado, para cursar a Academia de Direito do Largo São Francisco – ampliou a busca de atividades recreativas e de estabelecimentos que oferecessem refeições. Por esse motivo, além de aumentar o número de hotéis, proliferaram também as repúblicas estudantis e pensões. Segundo Moreira Pinto, a São Paulo de 1870 "era uma cidade onde dominava soberana e despoticamente o estudante, e só ele" (Pinto, 1979: 7-9, *apud* Bruno, 1984: 460).

O dia a dia numa pensão estudantil é relatado por E. V. Pereira de Sousa, ao recordar o ano de 1888, quando ainda era aluno da Academia de Direito:

> Dava a pensão uma idéia assim de Singapura, tal a diversidade da freqüência, falando diferentes idiomas! Os hábitos paulistanos naquele tempo, eram ainda bem patriarcais: almôço das 9 às 10 horas, jantar das 3 às 4; após êste, saía o pessoal satisfeito, de palito à bôca, indo os "abastado" saborear um delicioso sorvete de 200 réis, na Confeitaria Nagel; os mais, como de costume, resignavam-se a falar mal da vida alheia – assunto êste de grande e especial predileção! na dita Pensão havia de tudo: estudantes ..., normalistas, bichos do Curral, advogados, pessoal da nobre classe caixeiral, circunspectos comerciantes, funcionários públicos, agentes de negócios e não me lembro que mais; comia-se em "mesa redonda", sempre repleta e retida duas e três vêzes, tal a freqüência dos pensionistas avulsos; os quais, a bem dizer, constituíam os precursores do "jornal falado", porquanto comentavam tudo em voga, e por vogar ainda! (*Primeiro centenário do Conselheiro António da Silva Prado*, p. 197, *apud* Morse, 1970: 263)

Muitas casas de família de poucos recursos passaram a oferecer acomodações a baixo custo aos jovens estudantes solteiros, que também buscavam preços mais em conta. Eram então arrendados cômodos dentro das casas e que, para propiciar um pouco de privacidade ao hóspede, tinham suas janelas voltadas para a rua. Porém, o problema era a falta de acesso aos serviços de higiene da casa que, muitas vezes, já eram bastante precários. Assim, é fácil entender o grande movimento das poucas casas de banho existentes na cidade. A mais famosa, "Os Banhos da Sereia", destinada exclusivamente a uma clientela masculina, pertencia ao húngaro José Fischer e funcionou entre 1861 e 1890, aproximadamente (Barbuy, 2006: 112). Trazendo ao Brasil o costume europeu de oferecer banhos e duchas como tratamentos medicinais, associados a serviços de hospedagem e restaurantes de luxo (*ibid.*: 113), Fischer anexou ao estabelecimento um pequeno restaurante que servia refeições bastante apreciadas, inclusive para uma clientela noturna.[14] Vale citar

---

[14] Everardo Vallim Pereira de Souza, "Metamorfose da Pauliceia provinciana em grande metrópole", *apud* Moura (1999: 205).

ainda que, em 1905, Isidoro Nardelli, relembrando a antiga casa de Fischer, propôs a abertura da casa de banhos "A Sereia Paulista", que oferecia "banhos quentes e frios a qualquer hora".

Quanto ao asseio e higiene dos estabelecimentos hoteleiros, cabe ressaltar que somente com o Código Sanitário de 1894 é que teve início a conscientização e as primeiras disposições legais sobre o assunto. Como na época a cidade não dispunha de água corrente ou rede de esgotos, o mais provável é que os quartos de hotel contassem com lavatórios (bacias e jarros com água), bem como com urinóis, evitando assim o desconforto que significaria para o hóspede deslocar-se até as latrinas externas. Outro item é a limpeza da roupa de cama: a prática era a lavagem à beira dos rios, que foi regulamentada em 1886 (Campos, 2009).

A agricultura pouco a pouco atraía um maior número de viajantes e, com isso, os poucos hotéis permaneciam constantemente lotados de clientes, tanto brasileiros como estrangeiros. Contudo, as instalações ainda eram em número inferior ao necessário.

Mesmo com a hotelaria em alta, iniciava-se a disputa pelas fatias de mercado, levando os proprietários a investir na divulgação de seus estabelecimentos, anunciando em jornais e almanaques as vantagens proporcionadas pelo hotel que, esperavam, fosse o escolhido. No *Almanak administrativo, mercantil e industrial da província de São Paulo – 1858* encontramos os seguintes anúncios (Marques, 1983):

- Hotel Recreio Paulistano, de Antonio Joaquim de Lima (tem bilhares). Rua Direita.
- Hotel Paulistano, de Adolpho Dusser (tem bilhares) e dá hospedagem. Rua São Bento.
- Hotel Universal, de J. Lefebre (tem bilhares) e dá hospedagem. Largo do Colégio.
- Hotel des Voyageurs, de P. Imbert (dá hospedagem). Largo São Francisco.
- Café e Hotel do Commercio, de Hilário Pereira Magro. Rua da Fundição.

O Hotel Paulistano, pertencente a Adolpho Dusser, foi vendido em 1858 a João Batista Zacarias Junior e Cia., mas anuncia que continuava a proporcionar aos hóspedes um cardápio diferenciado aos domingos e dias santos: "mesa redonda pelas duas horas e meia".[15]

Até 1856, a situação na província de São Paulo, no que se refere à hospedagem, permaneceu inalterada. Porém, no final desse ano, produzia-se um fato inédito no ramo: é inaugurado o Hotel des Voyageurs, no largo do Capim (posteriormente, rua do Ouvidor). O estabelecimento contava com dez quartos, e anun-

---

[15] *Correio Paulistano*, 5-1-1857. São Paulo (cid.) Hotéis. Pasta 17.000.

ciava: "aceitam-se hóspedes sem carta de apresentação", sua principal estratégia para captar clientes.

Vejamos o que mais anuncia peça de divulgação desse hotel publicada em 1857.[16]

HOTEL DES VOYAGEURS.
Casa de Sotéa – proximo á Academia.

PEDRO IMBERT tem a honra de participar ao Respeitavel Publico, e em particular a seus amigos, que acaba de estabelecer em a Cidade S. Paulo, um Hotel denominado – HOTEL DES VOYAGEURS – onde os Srs. viajantes, tanto Nacionaes como Estrangeiros, encontrarão sempre todo o bom acolhimento, e a mais agradavel hospedagem.

O local deste novo Hotel, é sem duvida, um dos mais agradaveis não só pela excellente vista que offerece a Sotéa, mas ainda pela salubridade do lugar, além de ficar no centro da Cidade.

Ninguem contestará, que uma das primeiras necessidades em os estabelecimentos desta ordem, é uma bem dirigida e acelerada cosinha, e neste sentido, o proprietario se ufana de haver feito a melhor acquisição a desejar, pois tem incumbido a direcção da mesma a um habil e provecto Chefe, que outr'ora já occupou este lugar, em algumas das principaes casas da Aristocracia Européa.

O proprietario, não tem poupado esforços e despezas, afim de tornar o seu estabelecimento digno da concorrencia dos Srs. viajantes, offerecendo-lhes a maior somma de commodidades, com o menor dispendio possivel.

A experiencia, será a melhor garantia em favor deste novo estabelecimento, e o proprietario confia, que os seus bons desejos serão completamente realisados.

N. B. tambem se incumbe de quaesquer ecommendas de jantares, ceias, massas, etc. precedendo ajuste e a necessaria antecedencia. O Hotel será aberto por este 15 dias.

A exemplo de Alphonse Worms, que, procedente do Rio de Janeiro, instalou sua joalheria no andar térreo do Hotel Universal, em 1857, no mesmo ano, Justino Worms optara por fazê-lo no térreo do Hotel des Voyageurs.

O edifício deste último hotel tem uma história interessante, levantada por Eudes Campos (2007: 75-78). O engenheiro alemão Carlos Abraão Bresser (1804-1856) teria erguido essa edificação, conhecida como "casa de sotéa" (por ter no alto um terraço, em vez de telhado), em parte se utilizando de tijolos, o que era uma técnica recente no Brasil da época, visto que a maioria das construções era feita de taipa de pilão. Em 1856, Bresser inaugurou, em sua loja de comércio de secos e molhados, um restaurante com cardápio inglês, francês, alemão e brasileiro, visando ao público de estudantes de direito do largo São Francisco. Entretanto, com

---

[16] Extraído de anúncio do Hotel des Voyageurs no *Correio Paulistano*, em 13-8-1857, p. 4; respeitada a grafia da época. Acervo do Arquivo Público do Estado de São Paulo, São Paulo.

Cartão-postal do Hotel Palm, foto de Militão Augusto de Azevedo, 1862/1863. A foto original faz parte do Acervo da Biblioteca Mário de Andrade, Secretaria Municipal de Cultura, São Paulo.

o falecimento de Bresser nesse mesmo ano, o espaço deu lugar ao Hotel do Lion d'Or (julho de 1856). E, em 1857, Imbert inaugura aí o Hotel des Voyageurs, ainda mantendo o prédio com o terraço na cobertura (ou "sotéa" como exibe o anúncio).

O Hotel de Voyageurs manteve-se em funcionamento até 1860, sendo nesse ano adquirido pelo inglês Charles (Carlos) Palm, que o submete a uma reforma completa (incluindo aí um telhado, devido às infiltrações que prejudicavam o prédio), passando a funcionar com o nome de Hotel Palm, até seu fechamento, em 1880. Palm ganhou experiência no ramo da hotelaria e, assim, ampliou seus negócios adquirindo, na cidade de Santos, no largo do Consulado, em 1864, o antigo Hotel Recreio Santista, que ele remodelou, atribuindo-lhe o mesmo nome do estabelecimento bem-sucedido em São Paulo: Hotel Palm. Contudo, em meados de 1865, o empreendimento em Santos foi fechado devido às perdas causadas por sua má administração.

Dentre as pensões, surge a elegante Casa de Pensão, da viúva Reis, considerada a melhor e mais cara, localizada na rua São Bento, 46, esquina da travessa do Comércio (largo do Café),[17] que funcionava num sobrado antes pertencente a uma

---

[17] O sobrado foi derrubado, erguendo-se aí, em 1907, o edifício onde funcionou, por algum tempo, uma sucursal do Grande Hotel, cuja matriz era em frente (rua São Bento, 49), conforme Barbuy (2006: 100).

São Paulo - Largo de São Bento - 1.854

rica família paulista. No térreo, havia o *coiffeur* (ou salão de cabeleireiro) Husson, inaugurado entre 1872 e 1876 (Bruno, v. III, 1984: 1152).

Na época, havia estabelecimentos simples, pensões conhecidas como *alloggi*, que, sem fazer qualquer alarde de seus serviços, destinavam-se a imigrantes italianos com poucos recursos. Porém, para atender aos imigrantes italianos mais abastados, foi inaugurado, em 1869, o Hotel Itália, na rua Direita.

Desse modo, com uma série de inaugurações de estabelecimentos hoteleiros, observa-se que, a partir da década de 1850, a capital da província começa a apresentar condições de hospedagem para homens de negócios e viajantes que chegassem de visita, oferecendo aos clientes mais luxo e conforto.

Cartão-postal desenhado sobre a foto de Militão de Azevedo (1884), que mostra o largo de São Bento, com o Grande Hotel d'Oeste, à esquerda, ainda como uma casa térrea, e, na esquina em diagonal, a casa de Banhos da Sereia, à direita. Vale notar que consta na parte inferior do cartão uma data incorreta, 1854.

1870: "Bonds e carros à porta a qualquer hora!"

Grande Hotel d'Oeste

Em 1878, foi inaugurado por Calixto Meza[18] o Grande Hotel d'Oeste (ou, também, só Hotel d'Oeste), cujo funcionamento perdurou até 1954, mantendo seu prestígio por longos anos. Localizado no largo de São Bento, 2, esquina com a rua Boa Vista, contava com uma clientela de fazendeiros paulistas e famílias da alta burguesia do interior. Sua fama também se devia à fartura de seus serviços de restaurante.

Em imagens da época, pode-se ver que, de início, o prédio do Grande Hotel d'Oeste era uma edificação térrea – uma casa estilo chalé –, com alguns quartos de frente para o largo de São Bento e outros mais para a rua Boa Vista. A entrada social ficava voltada para o largo. Os quartos, segundo opinião do proprietário, "eram bem mobiliados e arejados e possuíam grandes janelas". Em anos seguintes, o hotel foi sendo reformado e ampliado, apresentando um estilo neoclássico. Em 1901, no entanto, um incêndio destruiu completamente o hotel. Sua reconstrução, executada pelos empreiteiros Rossi e Brenni, deu lugar, desta vez, a um prédio com dois andares.

Alfredo Moreira Pinto assim descreve o Grande Hotel d'Oeste:

> Fica no largo de S. Bento esquina da rua da Boa Vista, tendo para esta ultima rua sete janellas em cada um dos dous andares e na parte voltada para o largo de S. Bento 10 janellas.
> O pavimento inferior é occupado por diversos estabelecimentos commerciaes.
> A entrada é pelo largo de S. Bento. Tem 70 quartos. (Pinto, 1979: 179)

Com o grande desenvolvimento industrial e comercial do início do século XX em São Paulo, a demanda por hospedagem no Hotel d'Oeste também cresceu. Para supri-la, o estabelecimento passa a ocupar mais dois prédios, também situados na rua Boa Vista, os chamados anexos do (Grande) Hotel d'Oeste, nome que, em sua trajetória, não se sabe exatamente quando, começou a ser referido apenas como Hotel d'Oeste. Em nota publicada na imprensa, em 1878, seu proprietário se refere ao estabelecimento pelo nome original, como se pode verificar no texto seguinte.[19]

---

[18] A grafia do nome do proprietário varia conforme a fonte, como se verá adiante.

[19] Reprodução, respeitada a grafia da época, de informe escrito pelo proprietário do Hotel d'Oeste, Calixto Mesa, em 28 de dezembro de 1878, em resposta a uma matéria publicada no *Jornal da Tarde*, que falava de transtornos na região do largo de São Bento. Extraído de *A Provincia de São Paulo*, 28-12-1878; arquivo: pasta 17.000, *O Estado de S. Paulo*.

HOTEL DO OESTE

O abaixo assignado, proprietario do Hotel do Oeste, lendo no "Jornal da Tarde" de 26 de corrente um artigo, no qual fallando, de vagabundos que infectam o largo de São Bento, diz que durante a noite fazem elles o incommodo publico com fortes e continuas pancadas no dito Hotel, vem declarar ao publico, que no interior de seu estabelecimento nenhum desacato tem havido que incommodo o publico, e que não é frequentado por essa gente, como prova com seus visinhos e hospedes. Se algumas vezes pessoas importunas têm batido na porta de seu estabelecimento fóra de horas, elle, proprietario, não é o responsável, pois mais de uma vez tem procurado desviar essas inconveniencias, incommodando se alta noite, afim de pedir ao importuno que retire, por não ser aquella a hora propria de vir ao Hotel.

F. Calixto Mesa.

Em 1895, o *réclame* do Hotel d'Oeste incluído no *Almanak* alardeava:

Ponto geral dos bondes de todas as linhas da capital.
Estação Central e agência de despachos de Bagagens e encomendas para onde os senhores Viajantes poderão dirigir e receber suas bagagens, e daí mesmo remetê-las para qualquer estação. Bonds e carros à porta a qualquer hora.
Os Senhores Passageiros e Suas Exmas. Famílias encontram neste estabelecimento todas as comodidades: dentro do mesmo podem comprar seus bilhetes para o Rio e estações intermediárias. Este Hotel situado [comodamente] funciona no mesmo lugar [...] do antigo, porém em prédios novos e em tudo inteiramente reformado. Preços Razoáveis. Proprietário: F. C. Meza, São Paulo. (Thorman, 1895)

Outro anúncio, este ilustrado, trazia os seguintes dizeres:[20]

F. CALIXTO MEZA
Proprietario
Fundado em 1878.
GDE. HOTEL D'OESTE
LARGO DE S. BENTO, 2
S. PAULO

Ponto geral dos bonds para todas as estações de estradas de ferro e arrabaldes da Capital.
Com 70 aposentos onde as Exmas. familias encontram todas as commodidades.
Carros e tilburys á porta, a qualquer hora do dia ou da noite.

---

[20] Em *Revista Industrial*, acervo do Museu Paulista da USP, *apud* Barbuy (2006: 104). O anúncio reproduz o Grande Hotel d'Oeste em aquarela, *c.* 1900; respeitada a grafia da época.

Largo de São Bento. Cartão-postal (*c.* 1920). Ao centro, Hotel d'Oeste e à direita, onde antes eram os Banhos da Sereia, o Hotel Rebechino (inaugurado em 1900).

Hotel da América, Hotel Italia Brazil

Fora do centro histórico, o Hotel da América era outro hotel importante e já se encontrava em funcionamento em 1870, no largo do Rosário, na Freguesia de Nossa Senhora da Penha de França, lugar de passagem de viajantes que se deslocavam entre São Paulo, o Vale do Paraíba e o Rio de Janeiro. Ficava em um sobrado belo e elegante, de propriedade de José Gonçalves Ribeiro Guimarães. Vale ressaltar que, em 15 de outubro de 1874, hospedou-se nesse hotel o Conde D'Eu e sua comitiva, quando em visita à província de São Paulo. Embora distante do centro, sua frequência pode ser explicada pela proximidade com o santuário de Nossa Senhora da Penha, visitado por peregrinos, tanto paulistas como cariocas, sendo esse o único estabelecimento hoteleiro onde os romeiros abastados costumavam se hospedar. Além disso, havia também motivos comerciais, pois, até antes da inauguração da estrada de ferro ligando o Rio a São Paulo, os negociantes procedentes da capital do Império vinham pelo caminho antigo e encontravam nesse hotel as comodidades necessárias para descansar após uma longa viagem. Por sua vez, os paulistas com destino ao Rio tinham nele seu único ponto mais confortável de hospedagem.

Voltando para o centro histórico, onde de início se concentram os hotéis, no *Almanach da Província de São Paulo* de 1873, organizado por Antonio José Baptista de Luné e Paulo Delfino da Fonseca, encontramos a seguinte relação de estabelecimentos de hospedagem:

Hotel	Localização	Proprietário
Hotel Brazil	largo da Sé, 2	José Fraiss
Hotel Concordia	rua do Príncipe, 14	Joaquim Sé da Silva
Hotel da Estação	rua Alegre, 59 (atual Brigadeiro Tobias)	(sem referência)
Hotel Europa	rua da Imperatriz, 51	José Planet
Hotel Itália	rua Direita, 46	Maria Maragliano*
Hotel Paulistano	rua São Bento, 31	Rosalie Budrot

* Consta que o Hotel Itália foi vendido em 1869 para Mme. Amelia Fretin, contrariando a informação do *Almanach*.

Em 1876, um estabelecimento hoteleiro tornou-se muito conhecido por ser um ponto de reunião boêmia: Hotel Planet (Bruno, v. III, 1984: 1149). Não há maiores informações quanto à possibilidade de ser ele o mesmo Hotel Europa, de propriedade de José Planet, inaugurado em 1875.

Ainda na rua São Bento, esquina com a ladeira do Acu (nome abreviado de Yacuba, riacho que por aí passava; é o início da atual avenida São João), foi inaugurado na década de 1860 o Hotel Italia Brazil. Suas características não o configuram

Cartão-postal com o desenho do Hotel Italia Brazil, na ladeira do Acu, atual início da avenida São João, c. 1880. (Edição sem referências.)

como hotel de alto luxo; a localização privilegiada, porém, fez com que tivesse boa clientela. Na fachada, logo abaixo de seu nome, podia-se ler "Para Famílias", garantindo a seriedade do estabelecimento. No piso térreo, funcionava um "armazém de molhados". Em 1885, a proprietária, Maria Spinelli Pucciarelli, vendeu o hotel para os sócios Rappa e Berrellini, que empreenderam uma ampla reforma no espaço, mudando o nome do estabelecimento para Hotel Restaurante Universo. Anos mais tarde, nesse mesmo ponto, surgiria em 1904 o famoso Café Brandão, ponto de encontro dos homens de negócios e que esteve na moda até os primeiros anos da década de 1920. Ainda neste mesmo lugar, erigiu-se o Edifício Martinelli, o primeiro arranha-céu de São Paulo, cuja construção iniciou-se em 1927.

No *Mappa da Capital da Província de São Paulo*, de 1877,[21] constam quatro estabelecimentos hoteleiros:

Hotel	Localização
Hotel da Paz	rua São Bento, 39
Hotel de France	rua São Bento, esquina rua Direita
Hotel da Europa	rua da Imperatriz
Hotel Albion	rua Alegre, 85 (depois Brigadeiro Tobias, 71). Antigo palacete de propriedade de Antônio Álvares Penteado (futuro Conde Álvares Penteado), próximo à Estação da Inglesa, anunciava três jogos de bilhar e de bola.

Omitem-se aí, porém, nomes de outros estabelecimentos já existentes na época:

• Hotel da América
• Hotel Restaurante Universo
• Hotel Globo
• Grande Hotel d'Oeste.

Hotel Albion e Grande Hotel da Paz

O Hotel Albion ocupava a antiga residência de Antonio Álvares Leite Penteado, Conde Álvares Penteado. No *Almanak* de 1895, encontramos o seguinte anúncio do Hotel Albion:

HOTEL ALBION, rua Alegre, 85. Perto da Estrada de Ferro da Luz – Almoço das 9-10 da manhã, jantar das 4 ½-6 horas da tarde. Preços módicos. Recomenda-se este hotel pela proximidade à Estação da Luz da São Paulo Railway e da Sorocabana.

---

[21] Publicado por F. de Albuquerque e Jules Martin em julho de 1877. Disponível em http://www.arquiamigos. org.br/info/info20/img/1877-download.jpg. Acesso em 30-9-2013.

Tem bondes à porta para quase todos os pontos da Cidade. Recebem-se Pensionistas por 80$000 réis mensais. Albert Schwab. (Thorman, 1895)

O Grande Hotel da Paz, na rua São Bento, 39, inaugurou seu restaurante no dia 1º de junho de 1878, como informa anúncio assinado por Julio Massias. O hotel, instalado em um sobrado de linhas sóbrias e elegantes, com balcões amplos e sacadas voltadas para a rua São Bento, propagava nos periódicos os diferenciais do estabelecimento:

Recomenda-se pelo *aceio*, *excellente comida*, preparada pelos melhores systemas culinarios, *prompta execução* das ordens dos hospedes e principalmente pelas magnificas *commodidades para familias*.
O local deste estabelecimento é o melhor da cidade.
A linha de bonds passa na rua em que fica situado.
Sala de Banhos – Jardim de recreio.
Todos os confortos desejaveis.
Comida a toda a hora.

Anúncio publicado no *Almanach Litterario de São Paulo para o anno de 1877*. José Maria Lisboa (1876: 80).

Já o *réclame* da inauguração de seu restaurante dizia:

No dia 1º de junho proximo terá logar a abertura deste novo estabelecimento, no qual o público appreciador desta capital encontrará, á par da belleza e asseio do mesmo estabelecimento, um optimo serviço, prompto, variado e a toda e qualquer hora, tanto de dia como de noite. Independente do serviço indicado na lista, conforme o uso na Europa, satisfar-se-ha qualquer outro que o freguez exigir. No GRANDE HOTEL acceita-se pensionistas, bem como no RESTAURANT, a preços resumidos.
O proprietario, JULIO MASSIAS.

Desenvolvimento urbano

Uma crônica sobre hotelaria, publicada no *Almanach Litterario de São Paulo*, na edição de 1878, considera como hotéis de primeira ordem o Hotel de França; Hotel da Europa; Hotel Maragliano e Hotel da Paz:

Referimo-nos a espantosa quantidade hotéis, restaurantes "com *aloggio* e sem *aloggio*", cafés, casas de cerveja, botequins e mesas de repasto que literalmente atulham a cidade por todos os recantos.
O hotel é uma brecha aberta nas grossas paredes do acanhamento e do isolamento a que andavam condenadas as famílias paulistas há vinte anos.
Habitar no Hotel, comer no restaurante, ir ao café ou confeitaria, escândalos incríveis que não praticavam os nossos progenitores, salvo caso de força maior, são, fartos comesinhos, hoje normais, afinados pelo diapasão dos mais exigentes escrúpulos e na plena concordância das leis divinas e humanas.
Nem é o Hotel simplesmente a tolerância legalizada pelo uso laico característico e precursor do socialismo é a realização de uma Lei Econômica.
Mas tomem nota. Como em toda parte, em São Paulo, há hotéis e hotéis. Temo-los de todas as castas e de todos os naipes. De primeira ordem poucos: Hotel de França, outrora de Itália, o mais antigo; Hotel da Europa; Hotel Maragliano; Hotel da Paz, o mais recente.
Há mais de dúzia de hotéis de segunda ordem. Entre eles alguns são verdadeiras constelações, tal a aluvião de estrelas e astros errantes que os povoam. (Lisboa, 1877)

O teor dessa crônica reflete claramente os preconceitos dos moradores da capital da província quando o assunto era estabelecimentos de hospedagem. Só a partir de 1880 é que se adverte uma mudança de mentalidade quanto a hotéis, bares e restaurantes.

No contexto da São Paulo dos anos 1870-1890, oferecer serviços hoteleiros com um bom padrão de atendimento era tarefa bastante difícil, dada a precariedade dos serviços públicos. Somente em 1872 teve início o serviço de bondes puxados por muares. A iluminação pública de gás foi inaugurada em 10 de abril de 1872, com a instalação de 550 pequenos lampiões de ferro substituindo os de querosene, embora o número total contratado com a companhia concessionária fosse de 700 lampiões. Até esse ano, as ruas da cidade estavam iluminadas por lampiões a óleo de peixe e de baleia, procedente de Santos. O fornecimento de luz elétrica só ocorre em 1883, e apenas para parte da cidade. Em 1890, cerca de trinta residências particulares já contavam com luz a gás ou elétrica (Bruno, v. III, 1984: 960). Por sua vez, a instalação do primeiro fogão a gás – no Palácio do Governo, na região central – data de 1901.

Igreja e chafariz do largo da Misericórdia (século XVIII). Cartão-postal (1954) reproduzindo aquarela de José Wasth Rodrigues (1920). Edições Marfim Ltda.

Em 1875, o Governo da Província criou a Companhia Cantareira para fornecimento de água encanada para a capital. Só em 1881, porém, a água abasteceu o Reservatório da Liberdade. Nesse mesmo ano, foram eliminados os chafarizes públicos que forneciam água aos habitantes do centro da cidade.

Criada em 1877, a Companhia de Esgotos só começou a oferecer seus serviços efetivamente em 1883. Tanto a criação da Companhia de Esgotos como a da Companhia Cantareira fez com que desaparecessem do centro da cidade os entregadores de água (os "aguadores") que transportavam em carroças enormes tonéis com água para entregas especiais em hotéis e em restaurantes. Com a instalação do sistema, extingue-se a necessidade da coleta noturna feita por transportadores que levavam os dejetos para locais específicos na periferia.

Em 8 de julho de 1877, entrou em funcionamento a Estrada de Ferro do Norte, que ligava o Rio de Janeiro a São Paulo. O ponto inicial da ferrovia estava na Estação do Norte (atual Estação Roosevelt e ex-Estação do Brás). Visto que, nessa época, o melhor e mais rápido meio de transporte era o trem, justifica-se a proliferação de hotéis de todas as categorias nas imediações das estações ferroviárias, garantia permanente de clientela.

Antes, em 1874, o Brasil inaugurara seu primeiro cabo submarino ligando a América do Sul à Europa. Esse fato, de grande repercussão nas praças comerciais de São Paulo e Rio de Janeiro, abre as portas do continente ao intercâmbio com o Velho Mundo, agilizando a comunicação e os negócios.

Em 1878, o governo regulamentou o horário de funcionamento dos estabelecimentos comerciais:

> HORÁRIO DE FECHAMENTO
> Fechamento de casas de negocio. – Todas estas casas devem fechar-se às 10 horas da noite, de verão, e às 9 no inverno, a excepção dos hotéis, pharmacias, confeitarias e bilhares que podem estar abertos até á meia noite.[22]

Grande Hotel e Grande Hotel Succursal

Neste panorama promissor, em 20 de junho de 1878,[23] foi inaugurado o Grande Hotel, sob a gerência geral de Guilherme Lebeis Junior. O edifício, cujo projeto arquitetônico foi feito para sua finalidade, ocupava a rua São Bento, do número 53 ao 57, e sua lateral dava para o antigo beco da Lapa (a partir daí conhecido

---

[22] Segundo os "Extratos das Posturas da Câmara Municipal e do Regulamento da praça do Mercado", em Marques (1983: 231).

[23] Segundo Martins (1973: 228), o Grande Hotel teria sido inaugurado no dia 1º de julho de 1878; no entanto, o anúncio publicado e assinado por Lebeis indica esta outra data.

como travessa do Grande Hotel e, hoje, rua Miguel Couto) e a parte posterior do edifício dava para a rua Líbero Badaró. O empreendimento era uma iniciativa do suíço-alemão Frederico Glette e do "empresário" (na época, dito negociante) Vítor Nothmann. O projeto arquitetônico e as obras de construção estiveram sob a responsabilidade do engenheiro (arquiteto) alemão Hermann von Puttkammer. Mais adiante, consta Carlos Schorcht como proprietário (do hotel, mas não do prédio).

Um diferencial oferecido pelo Grande Hotel era o serviço de remessa de correspondência para o correio, além da possibilidade de receber jornais e cartas logo que o trem chegasse a São Paulo. Assim, o hotel aliava segurança e rapidez à prestação de serviço.

O texto do anúncio de inauguração do Grande Hotel destacava:[24]

> No dia 20 do corrente abrir-se-ha ao publico este grande estabelecimento, o primeiro talvez no seu genero neste imperio.
> Edifício vasto e elegante, aceado, expressamente construído para um grande hotel por seu proprietario o sr FREDERICO GLETTE, offerece aos srs. viajantes e pensionistas todo o conforto desejavel e por preços muito commodos.
> Todos os seus aposentos são perfeitamente arejados, claros, mobiliados com apurado gosto e com campainhas electricas (para o serviço dos criados), tendo também alguns especiaes para familias de tratamento.
> Tem sala de banhos frios, quentes e de chuvas.
> Excellentes cosinheiros e uma adega abundantemente sortida de vinhos, licores, cervejas e outras bebidas das melhores qualidades, mandadas vir por encommenda, directamente de diversos paizes, garantem aos srs. viajantes e pensionistas um tratamento como difficilmente poderão encontrar melhor.
> No proprio estabelecimento achar-se-ha uma caixa, da qual os srs. viajantes e pensionistas poderao utilizar para a prompta e segura remessa de sua correspondencia para a repartição do correio, e bem assim lhe serão entregues logo depois da chegada dos trens dos caminhos de ferros, as as cartas e jornaes que lhes vierem dirigidos para o — GRANDE HOTEL.
> O gerente deste estabelecimento, antigo proprietario do Grande Hotel do Oeste, no Rio Claro, o abaixo assignado, é muito conhecido nesta provincia, e das pessoas que têm viajado pelo Oeste della, e pois espera continuar a merecer a mesma confiança e procura que sempre mereceu da parte daquellas pessoas.
>
> S. Paulo, 4 de Junho de 1878.
> Guilherme Lebeis Junior.

O advogado Alfredo Moreira Pinto registrou, a respeito deste hotel, durante sua passagem por São Paulo (Pinto, 1979: 179-180):[25]

---

[24] Reproduzido, respeitada a grafia da época, de texto promocional sobre a inauguração do Grande Hotel, no dia 20-6-1878. Em *A Província de São Paulo*, 14-6-1878, Pasta 17.000 *O Estado de S. Paulo*.

[25] Foi mantida a ortografia usada pelo autor.

GRANDE HOTEL
Está situado em um bello predio, construido de proposito para o fim a que se destina, na rua de S. Bento.
Compõe-se de um corpo central e dous lateraes, todos com frente para aquella rua.
O corpo central com tres janellas de sacada no primeiro andar e tres janellas singelas no Segundo. Os corpos lateraes com uma janella em cada andar, todas com balaustres de cimento.
No pavimento terreo fica a porta de entrada, tendo aos lados casas commerciaes.
Do lado da travessa do Grande Hotel ha 15 janellas no terceiro e segundo pavimentos, sendo as deste com balaustres. O pavimento terreo tem 14 janellas e uma porta.
Tem salas de visitas e de jantar, montadas com decencia, e 42 aposentos, grandes, arejados e bem mobiliados.
É seu proprietario o Sr. Carlos Schorcht.

Para sua época, e dentro da categoria de construção hoteleira, o Grande Hotel era considerado um conjunto monumental: seu estilo "neoclássico" (ou "neorre-nascentista") (Campos, 2009), conferia-lhe características de um palácio. Além de 42 aposentos mobiliados com refinado bom gosto, o saguão onde estava a recepção era suntuoso e comunicava-se diretamente com o restaurante, os salões de baile e os salões de visita. Dentro das inovações, podemos mencionar que todos os quartos tinham campainha elétrica para chamar os criados quando necessário. Também dispunha de suítes, que eram alugadas às grandes famílias que frequentavam o estabelecimento. Havia, ainda, salas especiais de banhos frios, quentes e de "chuva" (chuveiros), e, também, um salão com inúmeros bicos de gás, jarras com flores, espelhos e candelabros que muito impressionaram Junius, durante sua visita a São Paulo em 1882, como ele relata em suas impressões a respeito da estadia no Grande Hotel:

(à esquerda)
Anúncio do Grande Hotel publicado no *Almanach Litterario de São Paulo para o anno de 1884* (Lisboa, 1883: 212).

(à direita)
Anúncio do Grande Hotel no *Almanaque Paulistano de 1896*. Apud Campos (2009).

> Tocou-me ocupar um aposento, que fica na extremidade do salão do primeiro andar, com janelas para a Rua de S. Bento e para o beco, antigamente denominado da Lapa. [Em nota de rodapé, Junius esclarece: Chamou-se posteriormente Travessa do Grande Hotel. Atual Rua Miguel Couto. Nesse beco, esquina da R. de S. Bento, os peixeiros vendiam suas mercadorias e, à tarde, populares iam rezar em frente a um nicho onde havia uma imagem de Nossa Senhora da Lapa]. Depois de algum tempo de descanso tratei de jantar: eram 8 horas. Um dos criados guiou-me para a grande sala, onde, além de duas compridas mesas, há muitas pequenas: tomei uma cadeira junto a uma destas.
>
> O Grande Hotel causou-me agradável impressão: é um estabelecimento bem montado, e de luxo: na corte e nas capitais das principais províncias do império que percorri, não se encontra um igual. Inúmeros bicos de gás, bonito candelabros, lindas jarras de flores sobre as duas compridas mesas, grandes espelhos a multiplicar os raios de luz, e objetos, que se achavam na sala, davam belíssimo aspecto àquele ambiente. Eu senti uns ares dos bons hotéis da Europa: recordei-me do confortável e do bom gosto, que neles se encontram. (Diniz, 1978: 29)

Embora erguido e mantido pela colônia alemã de São Paulo (Barbuy, 2006: 102), o serviço de restaurante era atendido por *maîtres* italianos e franceses e os *chefs de cuisine* eram das mesmas nacionalidades. A adega apresentava os melhores sortimentos de então: vinhos de todas as procedências, licores e cervejas também importados, encomendados especialmente dos países de origem. Este estabelecimento manteve sua categoria de alto luxo até os primeiros anos da década de 1900.

Como está em suas *Notas de viagem*, após jantar no restaurante do Grande Hotel, Junius teceu considerações a respeito do serviço e, inclusive, sobre as possibilidades de acesso à leitura proporcionadas pelo Hotel:

> Depois do jantar pedi a um dos criados os jornais do dia: deu-mos; eram o *Correio Paulistano*, *A Província de São Paulo*, *Diário da Manhã* e *Gazeta do Povo*. Perguntei se não havia outros; disse-me que no Hotel também recebiam *Germânia*,[26] *Correio de Itália*[27] e *Monitor Católico*, mas que não eram publicações diárias. (Diniz, 1978: 40)

Sobre o Grande Hotel, encontramos também o depoimento de Karl (Carlos) von Koseritz (1830-1890), brasileiro naturalizado, jornalista, político e personalidade importante, ativista da colônia alemã do sul do país. Durante sua passagem pela província de São Paulo em 1883 (Bruno, v. III, 1984: 1150), observou a cidade, analisando-a e comparando-a com outras, especialmente as do Rio Grande do Sul.

---

[26] Publicado, em língua alemã, a partir de 30-4-1878 por Otto Sticher, e adquirido, em 1881, por G. Trebitz.
[27] *Corriere d'Italia*, fundado em 1880 pela colônia italiana.

Koseritz teve suas memórias publicadas na Alemanha em 1885[28] e, anos mais tarde, traduzidas e editadas no Brasil. Sobre São Paulo, afirma:

São Paulo é uma bela cidade que, no ano de 1875, possuía ao todo 20.205 habitantes e que hoje, decorridos nove anos, conta com cerca de 35 mil almas, de forma que a população se equilibra mais ou menos com a de Porto Alegre. A cidade está situada sobre um planalto que se inclina, pelo lado norte, para o Tietê. É uma das mais velhas povoações brasileiras. [...] Dois ribeirões (que em São Paulo são designados pelo orgulhoso nome de "rios"), o Tamanduateí e o seu afluente Inhangabaí[29] (que possui um braço chamado arroio do Bexiga), atravessam a cidade do norte para o sul e são de grande vantagem para ela, por diminutos que sejam. [...] Na parte antiga as ruas são estreitas, tortuosas, ligadas em todas as direções e interrompidas por uma quantidade de praças pequenas e irregulares, como por exemplo as da Sé e Sete de Setembro, a Praça Municipal, o largo do Rosário e mesmo o largo de São Bento. Há becos que não têm mais de vinte ou trinta passos de comprimento, pois casas ou igrejas levantadas no meio de uma rua a dividem em dois becos. [...]
A cidade, com seus 35 mil habitantes, possui nada menos de dezenove igrejas, sem contar várias igrejas e conventos que são hoje destinados a fins oficiais, como por exemplo o palácio presidencial. Pelos modos havia em São Paulo uma igreja para cada dez casas... Deve ter sido um paraíso para os jesuítas! E que igrejas! Edifícios enormes, construídos na sua maior parte de taipa, mas que ainda estão de pé. E será difícil demoli-las, pois com o tempo a taipa empregada, que é de qualidade especial, se petrifica. No coração da cidade, em uma distância de três quadras, se encontram sete igrejas, uma sempre olhando para a outra e às vezes nascidas aos pares e se tocando como os irmãos siameses.
Antigamente São Paulo tinha 17 conventos mas agora só possui 4, que são os da Luz, São Bento, Carmo e Santa Teresa. De todos o dos beneditinos é o mais rico. Não tem monges e é dirigido por um abade vindo da Bahia. Este abade parece ser informado das novas concepções financeiras, pois alugou os muros da sua igreja para anúncios coloridos, no estilo do Rio. Vê-se a diferença entre antigamente e hoje quando se compara São Paulo com Pelotas. [...] A vida na capital se concentra no Triângulo, que é formado pelas ruas de São Bento, Direita e da Imperatriz. A rua de São Bento, que é a mais importante da cidade, prolonga-se do largo do velho convento de São Francisco, no qual se acha a universidade (*sic*), até à praça do convento dos beneditinos. É estreita e não muito arejada; mas ali se concentrou todo o comércio da cidade e a rua possui alguns belos edifícios, como a esplêndida casa do dr. Antônio Prado e o grande prédio do "Grand Hôtel", que o sr. Glette, do Rio, fez construir. Nesta rua vive o cônsul alemão dr. Schaumann (farmacêutico), o sr. Schloembach tem o seu importante negócio, o sr. J. A. Schritzmeier a sua loja, assim como os srs. Poll e Wersing. Virando-se da rua de São Bento para a rua Direita

---

[28] Sob o título *Bilder aus Brasilien* (Leipzig: Wilhelm Friedrich, 1885). Disponível em http://www.archive.org/stream/bilderausbrasil00kosegoog#page/n6/mode/2up. Acesso em 30-9-2013.

[29] Anhangabaú.

admira-se a grande animação, as vitrines etc. É uma rua bonita e larga, que lembra muito o Rio; quiosques com bandeirolas, anúncios coloridos em todas as paredes, grandes lojas etc. dão a essa rua um aspecto de grande cidade que não se nota nas outras. Ali se acha a confeitaria "Zur Stadt Coblenz", que pertence ao sr. Jacob Friedrich, e que com a confeitaria de Nadei, na rua da Imperatriz, formam os pontos de reunião da juventude acadêmica. Ali está o grande negócio do sr. Georg Secklerl,[30] que não tem rival no Rio, tão abundante é o sortimento e tão belas as instalações; ali está também a grande fábrica de chapéus de Messenberg, hoje pertencente ao sr. Auerwall. A rua de São Bento e a rua Direita são os dois catetos do triângulo retângulo. A hipotenusa é a rua da Imperatriz, muito larga na parte inferior, mas que depois se estreita e se bifurca em uma quantidade de becos e bequinhos. Aqui está a grande confeitaria de Nadel, com fábrica de gelo, aqui estão as lojas de Garraux[31] e de outras firmas conhecidas. É uma bonita rua com muitas lojas elegantes. No fim, onde a rua se bifurca em dois becos, dividida por uma igreja angulosa construída no meio, se encontram as instalações da *Província de São Paulo*, o maior[32] jornal paulista. (Koseritz, 1980: 257-259).

E, ainda, por sua peculiaridade, emite opiniões que despertam o interesse:

Uma particularidade de São Paulo: parece que os paulistas eram em geral idealistas, pois deram nomes curiosos a partes da sua cidade. Assim o lugar mais solitário da zona nova se chama "Campos Elíseos" e uma pequena ilha no ribeirão Inhangabaí, onde está o quartel general das lavadeiras, se chama "Ilha dos Amores"! O cemitério está na Consolação e a cadeia na Liberdade... Mas basta com isto. São Paulo é uma bela cidade, e sobretudo muito capaz de se expandir, pois ainda lhe resta dez vezes o espaço que atualmente está coberto por casas. E isto é uma grande vantagem. (*ibid.*: 260)

Descrevendo o Grande Hotel, Koseritz refere-se ao estabelecimento como um "magnífico edifício", em cuja entrada havia um "soberbo vestíbulo". E prossegue:

Este hotel (a casa pertence ao sr. Glette do Rio e foi especialmente construída para o fim a que se destina) é o melhor do Brasil. Nenhum hotel do Rio se lhe compara. Pertence ao sr. Schorcht, o antigo gerente do "Germânia" do Rio, o qual dirige magistralmente o seu estabelecimento. Nem o Rio nem todo o resto do Brasil possui nada de parecido em matéria de luxo (no arranjo da casa e dos quartos), de serviço excelente, de cozinha magnífica, variada adega. Grandes candelabros a gás iluminam o vestíbulo, e por uma larga escada de mármore branco se sobe ao primeiro andar, onde um empregado de irrepreensível estilo e toilette, avisado

---

[30] Tipógrafo.

[31] L. Garraux & Cia, localizada na rua da Imperatriz, 36 e 38, anunciava-se como uma "casa de importação, tipografia, brinquedos, livraria, charutos Havana, hamburgueses e bahia, molduras, papéis pintados, materiais de escritório".

[32] No original (p. 356), está "o primeiro" (*des ersten Paulister Blatten*).

pelo porteiro por campainha elétrica, recebe o recém-chegado. Belos quartos com mobiliário muito elegante e excelentes camas, gás, banho, correios e telégrafos em casa, todas as comodidades, que tão raramente se encontram juntas, existem aqui ao preço moderado de 5$000 por pessoa (10 marcos), enquanto no Rio hotéis muito piores pedem 8 e 10$000 réis. (*ibid.*: 256)[33]

Grandes personalidades, artistas e políticos da época, ao visitar São Paulo, aí se hospedavam, pois era onde a vida social da cidade se desenvolvia, atribuindo muito prestígio a seus salões.

Outro visitante, o cônsul-geral dos Estados Unidos, Christopher C. Andrews, também considerou o Grande Hotel como uma excelente construção, mas com um serviço de mesa que deixava a desejar. O único problema de fato teria sido, segundo ele, que "sua porta principal se fechava ainda provincianamente às dez horas" (Andrews, 1891: 143-144, *apud* Bruno, v. III, 1984: 1151).

Entre os ilustres hóspedes, em 1879, o tenor italiano Ernesto Rossi hospedou-se no Grande Hotel; e, em 1883, o príncipe Henrique da Prússia e sua comitiva. No dia 10 de novembro de 1883, segundo Koseritz (1980: 271), ao retornar ao Grande Hotel, no qual estava hospedado, encontrou a escada de mármore repleta de pétalas de rosa: foi então informado de que era costume que, quando um estudante se formava, os pais e irmãos saudassem o jovem dessa forma. Os pais dos estudantes eram residentes no hotel. Nesse mesmo dia, houve também dois casamentos: duas das três filhas do renomado livreiro francês Anatole Louis Garraux,[34] proprietário da Casa Garraux, celebraram sua festa de núpcias em conjunto, oferecendo um dos bailes mais suntuosos já proporcionados à burguesia paulistana do período. O que mais chamou a atenção de Koseritz (*ibidem*) foi um buquê colocado na antessala, confeccionado de cravos e violetas, com cerca de 3 metros de diâmetro.

No ano seguinte, 1884, o Grande Hotel recebe a princesa Isabel, cuja opinião sobre ele é de que era "muito bom". A diva do teatro da época, a atriz Sarah Bernhardt e sua companhia teatral, durante a turnê de apresentações no Teatro São José, nos meses de junho e julho de 1886, também se instalaram ali como hóspedes.

Já no século XX, em 1911, justamente para conseguir manter seu *status* entre os novos estabelecimentos que se abriam na época, expandiu sua atuação com o Grande Hotel Succursal, *vis-à-vis* ao seu prédio principal na rua São Bento, esquina

---

[33] Preços vigentes em 6 de novembro de 1883.

[34] Anatole Louis Garraux (1833-1904), instalado em São Paulo desde 1859, abriu no Largo da Sé, nº 1, a Livraria Acadêmica. Em 1872, inaugurou a nova sede de sua livraria na rua do Rosário (atual rua Quinze de Novembro).

64 Imagens da hotelaria na cidade de São Paulo

Cartão-postal do Grande Hotel Succursal, sépia, c. 1910, com base numa foto de Gaensly, que está no acervo da Fundação Patrimônio Histórico da Energia de São Paulo. No piso térreo do Grande Hotel Succursal, observa-se o *Coiffeur* de Husson e a Perfumaria.

Detalhe da fachada do prédio antigamente ocupado pelo Grande Hotel Succursal, na rua São Bento e largo do Café. Acervo pessoal, 2013.

com a travessa do Comércio (largo do Café), num prédio construído em 1907, "com três pavimentos, além de porão, canto cortado, mansardas e domo" (Barbuy, 2006: 101). No ano seguinte, o *Guia do Estado de S. Paulo*, de Fonseca & Angerami, comprova que o hotel não havia perdido seu *glamour* – classificou-o como um dos mais luxuosos da cidade.

Por fim, podemos dizer que, até os primeiros anos do século XX, o Grande Hotel foi o melhor de toda a hotelaria, não apenas de São Paulo, mas do Brasil. Em 1915, o hotel foi vendido e passou a funcionar como casa de pensão elegante: a Pensão de Madame Rosa. Dentro de sua nova linha operacional, o hotel ainda conservava parte de seu prestígio anterior, mas sem o esplendor de antes. Em nota de rodapé, na edição brasileira do livro de von Koseritz consta:

> O Grande Hotel, no fim do século passado e princípio deste, foi transformado numa pensão de primeira ordem, muito procurada por estudantes abastados. Era a pensão da dona Rosa. (Koseritz, 1980: 256, nota 82)

O edifício do Grande Hotel foi demolido em 1964 e, em seu lugar, foram erguidos um edifício e um conjunto comercial (Martins, 1973).

Transportes: serviço de tílburis

Em 1865, Donato Severino organizou o primeiro serviço de tílburis (carros de duas rodas, puxados por um cavalo), fixando uma tabela de preços conforme o percurso e o horário. O ponto principal era o largo do Colégio, que funcionava das 6 às 21 horas. Mais tarde, todo o funcionamento de serviços de tílburis, aluguel de carros e de vitórias foi regulamentado no *Código de Posturas do Município de São Paulo*, de 6 de outubro de 1886, Tit. XVIII, "Sobre os diversos meios de manter a segurança, comodidade e tranquilidade pública".[35] Estabeleceu-se que os carros de aluguel poderiam estacionar nos largos da Luz, do Colégio (da Sé), de São Gonçalo (atualmente faz parte da praça João Mendes), do Brás (hoje largo da Concórdia) e de São Francisco. Foi somente em 1872 que a primeira linha de bondes puxados a muares foi criada pela Companhia Carris de Ferro de São Paulo. Segundo o visitante italiano D'Atri, que esteve em São Paulo entre 1894-1895, a cidade "tinha carruagens esplêndidas e mais esplêndidos cavalos guiados por simpáticos cocheiros" (Bruno, v. III, 1984: 1069). Prova disso

---

[35] *Código de Posturas do Município de São Paulo: 6 de outubro de 1886.* São Paulo: Departamento de Cultura, 1940.

Almanach Litterario de São Paulo para o anno de 1884 (Lisboa, 1883: 73).

— 73 —

CARROS DE PRAÇA

Data de 21 de Agosto de 1865 a introducção de carros de aluguer, estacionados em logar publico. Foi o Sr. Donato Severino, italiano, o que primeiro os estabeleceu. Eis o annuncio que esse senhor fez publicar no *Correio Paulistano* de 22 de Agosto do mesmo anno.

« PROGRESSO

O abaixo assignado participa ao publico, e particularmente a seus freguezes que, do dia 21 d'este mez em deante, tem carros e tilburys para aluguer, estacionados em o largo da Sé, onde pódem ser procurados para qualquer serviço. Em quanto não houver um regulamento da policia, ou postura a respeito, e nem fôr approvada uma tabella especial, previne o mesmo abaixo assignado que vigorarão os preços seguintes :

Carros—dentro das pontes, e pela primeira hora, preenchida ou não—3$000.

D'ahi por deante, cada hora excedente—2$000.

Fóra das pontes

Preço convencionado com os cocheiros.

Tilburys—por hora—1$000.

Qualquer que seja o tempo, quer para os carros quer tilburys, que exceda a hora anterior vencida, obriga a todo pagamento devido pela hora que tiver começado, embora não a preencha.

DONATO SEVERINO. »

é o anúncio publicado pela Companhia Rodovalho Júnior & Cia., no *Almanach Paulista Ilustrado para 1896*:

> Cupês forrados de seda, puxados por cavalos brancos, próprios para noivos, fáetons para passeios; berlindas e caleças para batizados; vitórias para passeios e visitas; e landaus hermeticamente fechados para saída de bailes e espetáculos (*Almanach Paulista Ilustrado para 1896*: 316-320, *apud* Bruno, v. III, 1984: 1070).

O *Almanaque Administrativo, comercial e profissional do estado de São Paulo,* de 1895, registrava novos estabelecimentos:

Hotel	Localização
Hotel Brasil e Itália	rua Boa Vista
Hotel Fasoli	rua Senador Feijó
Hotel Boa Vista	rua Boa Vista
Hotel Provenceau	rua São Bento
Hotel das Famílias	Localizado num sobrado, na rua João Alfredo (posteriormente rua General Carneiro), em frente ao Mercado Velho (que funcionou até 1933), devido à sua localização, próximo também ao comércio de tecidos, ferramentas e calçados, tinha preços convidativos, o que atraía os estudantes da Academia de Direito antes que estes escolhessem a república ou a pensão em que se alojariam.

Grande Hotel Paulista

Em 1º de outubro de 1889, é inaugurado o Grande Hotel Paulista, um forte concorrente do Grande Hotel e do Grande Hotel d'Oeste. Ficava praticamente na frente deste último, tornando-se o principal motivo de uma das reformas a que o Grande Hotel d'Oeste foi submetido. De propriedade de Viñas e Picart, o hotel se situava na rua São Bento, esquina com a rua Boa Vista, em frente ao largo de São Bento, ocupando um prédio espaçoso de três pavimentos, com frente para as duas ruas. Todos os quartos contavam com enormes janelas para aquela época, o que permitia uma boa circulação de ar, claridade, e excelente vista das ruas vizinhas. O pavimento térreo era ocupado por lojas de luxo. Das suas 60 habitações, 40 davam para a parte frontal e as demais eram internas. Além das acomodações, esmerava-se no serviço de restaurante. Havia também um grande salão de recepção (lobby) e sala especial para atenção dos visitantes. A entrada principal voltava-se para a rua Boa Vista. Este foi o primeiro hotel de São Paulo a proporcionar a seus hóspedes serviços de transporte gratuito entre o hotel e as estações das linhas férreas. O serviço era feito por tílburis contratados pelo hotel. Diferenciava-se o serviço de tílburis de praça e tílburis de aluguel – os primeiros eram mais simples, já os de aluguel contavam com um condutor elegante, inclusive usando cartola.

Conforme publicado em matéria do jornal *A Provincia de São Paulo*, dois dias após a inauguração do Grande Hotel Paulista,

> Deu-se ante-hontem, nesta capital, a inauguração do bem montado Hotel Paulista. [...]
> A convite dos proprietarios os srs. Viñas & Picart, fomos assistir á festa da inauguração. Chegados os convidados, foi servida uma lauta ceia onde se encontravam alguns representantes da nossa imprensa, membros da colonia hespanhola e da colonia italiana.
> Ao servir-se o champagne, o sr. José Ampolli tomou a palavra, dirigindo uma brilhante saudação á briosa colonia hespanhola. [...]
> Hontem enviaram-nos os srs. Viñas & Picart a seguinte carta:
> "Rogo-lhes o obsequio de fazer entrega da quantia de 4$000, primeiro rendimento de nossa casa ao hospital de lazaros desta capital".[36]

Sobre esse hotel, Moreira Pinto (1979: 178) comenta:

> HOTEL PAULISTA
> Fica situado na esquina das ruas de S. Bento e Boa Vista.
> É um vasto predio com 20 janelas no terceiro andar e 19 no segundo na parte voltada para a rua da Boa Vista. No angulo que forma entre as duas ruas, na parte voltada

---

[36] *A Provincia de São Paulo*, 3-10-1889. Pasta 17.000. *O Estado de S. Paulo*. Artigo: Grande Hotel Paulista.

para o largo de S. Bento, tem duas janellas no terceiro andar e uma no segundo. Na parte voltada para a rua de S. Bento tem sete janellas em cada um dos dous andares.

O pavimento terreo é occupado por diversas casas commerciaes.

Tem 60 aposentos, além de uma boa sala de jantar e uma bem ornada sala de recepção.

A entrada é pela rua da Boa Vista.

Possue um carro-omnibus que conduz os hospedes das estações de estradas de ferro para o hotel.

Em 1900, os estabelecimentos comerciais no piso térreo do Grande Hotel Paulista deram lugar à Pharmacia São José.

O Grande Hotel Paulista, cuja trajetória foi curta e brilhante, encerrou suas atividades em 1910. O prédio do hotel permaneceu intacto até o início das obras da estação do metrô São Bento, quando foi demolido.

Hotéis de São Paulo: 1878 e 1888

Abílio Aurélio da Silva Marques, autor do *Indicador de S. Paulo: administrativo, judicial, profissional e comercial para o ano de 1878*, relaciona, em sua obra, hotéis em funcionamento (Marques, 1983a: 185-186):

HOTÉIS

Agostinho Pucciarelli (H. Imperial), R. do Ouvidor, 24.

Amelia Fretin (Grand Hotel de France) R. Direita, 46.

Angelo Fenili & C. (Hotel Fenili) Becco da Lapa.

Antonio Maria de Miranda, Rua Alegre, 21.

Carlos Schorcht (H. de Europa) Imperatriz 51 e 56.

Custodio Teixeira da Silva, R. Santa Thereza, 20.

Francisco Ferreira da Silva & C., Largo da Sé, 1.

Hotel America, Rua da Esperança, 76.

Hotel Ypiranga, Rua Alegre, 7.

James Porter (Hotel Albion), Rua Alegre, 3.

João Batista da Silva, Rua do Braz.

João Gonçalves Jorge, Luz.[37]

José de A. Cabral (H. do Globo), R. Imperatriz, 20.

José Pereira de Mello (H. Central), Commercio, 2.

José de Souza Teixeira (H. Alliança), Commercio, 16.

Jules Massias (Grande H. da Paz), R. S. Bento, 39.

Manoel J. Pereira Bispo (H. Brazil), Largo da Sé, 2.

Nicolau Heindrikl, Largo da Sé, 9.

---

[37] Não constam referências aos nomes dos estabelecimentos de propriedade de João Batista da Silva e João Gonçalves Jorge.

Maria Maragliano, Rua de S. Bento, 28.
Martins, Rua da Imperatriz, 18.
Rosalie Boudrot (Grande H. de Paris), S. Bento 31.

Passada uma década, consta no *Almanach para o ano 1888*, de Seckler, uma nova relação de estabelecimentos hoteleiros:

Estabelecimento	Endereço	Proprietário(s)
Hotel Italia e Brasil	rua de São Bento, 67	Agostinho Pucciarelli
Hotel Internacional	rua de São Bento, 39	Andréa & Poli
Hotel da Estação do Braz	rua do Braz, 141	Antonio de Andrade Bastos
Grande Hotel	rua de São Bento, 49	Carlos Schorcht
Hotel Restaurant do Globo	rua da Imperatriz	Di Negro Miguel
Hotel Albion	rua do Brigadeiro Raphael Tobias, 71	Francisco Gaertner
Hotel d'Oeste	largo de São Bento, 4	Francisco Calisto Meza
Hotel de França	rua Direita, 49	Guilherme Lebeis
Hotel das Famílias	rua João Alfredo, 49	(sem referência)
(sem referência)	rua do Braz, 143	João Joaquim Flores
(sem referência)	rua da Estação, 41 e 43	José Frazol & Comp.
(sem referência)	rua da Estação, 5	Ledugerio de Souza Viana
(sem referência)	rua do Braz, 122	Plassas & irmão
Hotel da Maçã de Ouro	rua da Estação, 3	Severo Alouço Domingos
(sem referência)	rua do Commercio, 10	viúva Rogé

Extraído de Seckler (1888: 262).

Um anúncio do Hotel Italia e Brazil oferecia os serviços do estabelecimento da seguinte maneira:[38]

HOTEL ITALIA E BRAZIL
67 RUA DE S. BENTO 67
SÃO PAULO
Salas e quartos decentemente mobiliados para
FAMILIAS E PASSAGEIROS
Recebem-se pensionistas em casa e para fora.
PREÇOS RASOAVEIS.
Os Proprietarios
Maria Spinelli Pucciarelli
Agostino Pucciarelli

---

[38] Extraído, respeitada a grafia da época, de anúncio do Hotel Italia e Brazil. Em Seckler (1888).

O Viaduto do Chá e seus arredores

> Parques do Anhangabaú nos fogaréus da aurora...
> [...] Estátuas de bronze nu correndo eternamente,
> num parado desdém pelas velocidades..."
>
> Mário de Andrade (1922: 81)

No momento histórico logo após a Proclamação da República, o Brasil vivia uma euforia progressista, onde a prosperidade econômica era visível. Em São Paulo, a especulação imobiliária, o crescimento dos mercados e o aumento dos negócios também impuseram à cidade características cosmopolitas.

A 6 de novembro de 1892, sob a responsabilidade de Jules Martin, inaugura-se, sobre o vale da chácara pertencente à baronesa de Itapetininga (viúva do barão de Itapetininga e, nesse momento, já casada com o barão de Tatuí), o primeiro Viaduto do Chá, encurtando as distâncias em torno do Vale do Anhangabaú, ligando a "Cidade Velha" à chamada "Cidade Nova", isto é, unindo a rua Direita à Barão de Itapetininga. Para passar sobre ele era preciso desembolsar uma espécie de pedágio, já que se tratava de uma obra da iniciativa privada. A cobrança – que o tornou popularmente conhecido como o "Viaduto dos Três Vinténs" – foi extinta em 1896, quando foi encampado pela Intendência Municipal.

O convite para a inauguração do viaduto, em 1892, era ilustrado com um desenho do Vale do Anhangabaú e trazia os seguintes dizeres:[39]

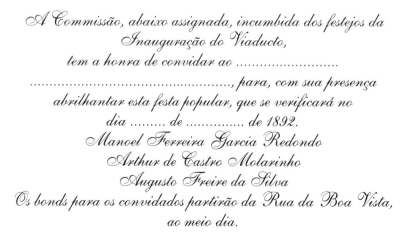

A Commissão, abaixo assignada, incumbida dos festejos da
Inauguração do Viaducto,
tem a honra de convidar ao ....
..................................., para, com sua presença
abrilhantar esta festa popular, que se verificará no
dia .... de .... de 1892.
Manoel Ferreira Garcia Redondo
Arthur de Castro Molarinho
Augusto Freire da Silva
Os bonds para os convidados partirão da Rua da Boa Vista,
ao meio dia.

O advogado Alfredo Moreira Pinto descreve ruas do centro da cidade nessa época, seus estabelecimentos comerciais (além dos hotéis, bancos, redação de

---

[39] Extraído, mantida a grafia da época, de convite de inauguração do Viaduto do Chá, de 1892. Disponível em http://www.abril.com.br/especial450/materias/viaduto/index.html. Acesso em 30-9-2013.

jornais, confeitarias, entre outros), residências pertencentes a figuras da elite paulistana, sugerindo todo o movimento urbano que provocavam:

RUA DE S. BENTO

Nesta rua ficavam: a redação do *Commercio de S. Paulo*, os importantes edificios do Banco Constructor e Agricola de S. Paulo, British Bank of South America, Limited, do Banco de S. Paulo, do Banco de Santos, do Banco dos Lavradores, duas livrarias, o Grande Hotel, Grande Hotel de la Rotisserie Sportsman, a casa de Alvares Penteado, o palacete dos Drs. Antonio Prado e Elias Chaves, as casas Castellões e Mathias e no canto do largo de S. Bento o Hotel Paulista e do outro lado o bello predio em que funccionou a repartição da Policia. É percorrida por bonds. (Pinto, 1979: 229)

RUA BOA VISTA

Começa na rua Quinze de Novembro e termina no largo de S. Bento, tendo nas suas extremidades, de um lado o hotel Paulista, e do outro o hotel Oeste. Nella ficam um Frontão, o hotel Bella Vista, o Tribunal de Justiça, o theatro Sant'Anna e as redacções dos jornaes *A Noite* e *Fanfulla* (*ibidem*).

Rua Quinze de Novembro, século XIX. Cartão-postal com aquarela de José Wasth Rodrigues Edições Marfim Ltda.

Rua Quinze de Novembro, século XIX. Cartão-postal com aquarela de José Wasth Rodrigues Edições Marfim Ltda.

LIBERO BADARÓ

Antigamente de S. José. Vae da rua José Bonifacio até o largo de São Bento. Começa e termina em ladeira, é comprida e estreita.
São-lhe transversaes as ruas S. João, Direita, Dr. Falcão e a travessa do Grande Hotel. Possue os bellos predios do Sr. Penteado e do hotel Bristol, em cujo pavimento inferior está a loja da redacção da *Tribuna Italiana*. (*ibid*.: 231)

O *Almanak* de 1896 também relaciona novos hotéis:

Hotel	Endereço	Proprietário
Hotel Français	rua do Commercio, 10*	(sem referência)
Hotel Jardineira	rua Boa Vista, 43	(sem referência)
Hotel Jahuense	rua Bom Retiro, 21 A	(sem referência)
Hotel Parisien	rua Santa Ephigênia, 35-7	Friedmann

* Neste endereço constava no *Almanaque de 1888* o hotel da viúva Rogé. Ver Seckler (1888: 262).

Grand Hotel de la Rotisserie Sportsman

O ano de 1897 caracterizou-se pela abertura de hotéis de porte médio, porém de grande luxo, como o Grand Hotel de la Rotisserie Sportsman, localizado na rua São Bento, que ocupava um ótimo edifício com frente para a rua São Bento e fundos para a rua Líbero Badaró. Fundada pelo francês Daniel Souquies, em 17 de março de 1892, a Maison Rotisserie Sportsman funcionava apenas como um salão de banquetes, quando se transfere para o antigo edifício ocupado pelo Hotel de França, também na rua São Bento 61, em sua esquina com a rua Direita; ampliando novamente suas instalações, torna-se o Grand Hotel de la Rotisserie Sportsman em 12 de setembro de 1897,[40] ocupando um edifício construído próximo ao Viaduto do Chá.

O Grand Hotel de la Rotisserie Sportsman contava, logo na entrada, com um restaurante de uso exclusivo dos hóspedes. Estava em um salão de proporções extraordinárias (cuja estrutura era sustentada por duas grandes colunas), com armários e aparadores de grandes dimensões e artisticamente entalhados. Neles era guardada sua rica baixela monogramada e avaliada, segundo Alfredo Moreira, em 160 mil francos. Ao salão, seguiam-se dois gabinetes para toaletes de senhoras e de cavalheiros. Nos fundos havia um outro salão, dito nobre, cuja estrutura era sustentada por três colunas. No mesmo salão havia um palco para a apresentação de orquestras. Esse último foi o palco dos grandes banquetes oficiais daquele tempo. No segundo e terceiro andares ficavam 40 aposentos luxuosamente mobiliados. No subsolo, aproveitando o desnível da rua, estava instalada a maior e mais sortida adega de todo o Brasil.

Grand Hotel de la Rotisserie Sportsman

Occupa um bello edifício com frente para a rua de S. Bento e fundos para a rua Libero Badaró. Tem na frente tres pavimentos e nos fundos quarto.

No primeiro pavimento, á entrada, depara-se com a sala de jantar dos hospedes. É um grande salão, sustentado por duas columnas, com um armario que guarda uma rica baixela de electro-plate, com o monogramma da casa e do custo de 160 mil francos.

A este saguão seguem-se dous gabinetes para *toilette* das senhoras e dos homens e aos fundos um salão nobre, maior do que o primeiro, sustentado por tres columnas e com um palco para orchestra. É neste salão que dão-se os grandes banquetes.

No Segundo e terceiro pavimentos ficam 40 quartos luxuosamente mobiliados.

No subsolo fica collocada uma adega como egual não ha em todo o Brazil. (Pinto, 1979: 177-178)[41]

---

[40] As informações constam em anúncio publicado em francês no *Almanak d'A Platéa*, 1900, p. 52. Disponível em http://www.brasiliana.usp.br/bbd/handle/1918/00038000#page/89/mode/1up. Acesso em 21-12-2011.

[41] Conservou-se a ortografia original do autor.

Cartão-postal do Jardim Anhangabaú, vendo-se o Grand Hotel de la Rotisserie Sportsman ao fundo, à direita, tendo à frente a estrutura do antigo Viaduto do Chá. Edições da Casa Rosenhain.

Em anúncio datado de 1900 (publicado em francês), o hotel ganha destaque por seus quartos e apartamentos destinados às famílias, com facilidades como aquecimento a gás e luz elétrica, telefone, salão de banquete para trezentos talheres, adega com vinhos das melhores marcas e salão de baile e concertos com entrada independente, pela rua Líbero Badaró, 86 (antiga S. José).[42]

Em visita a São Paulo, o francês Paul Walle, representante de uma missão comercial da França, garantia que o Grand Hotel de la Rotisserie Sportsman era o melhor da cidade, dada a sua direção à francesa, além de sua boa comida (Bruno, v. III, 1984: 1158).

Segundo Fernando Morais, em seu livro *Chatô: o rei do Brasil* (Moraes, 1997), o empresário e grande investidor norte-americano Percival Farquhar (1864-1953) investira em sua construção e na de outros edifícios para abrigar hotéis requintados:

> Farquhar acreditava que nenhum país poderia se desenvolver sem bons hotéis e cozinheiros refinados. Como o Brasil do começo do século não dispunha de nenhuma das duas qualidades, ele próprio tomou a iniciativa de equipá-lo. Construiu em São Paulo a elegante Rotisserie Sportsman e o Hotel Guarujá, no litoral paulista, e importou da cozinha do Elysée Palace Hotel, de Paris, o *chef* Henri Gallon. Quando os dois se

---

[42] *Almanak d'A Platéa*, 1900, p. 52. Disponível em http://www.brasiliana.usp.br/bbd/handle/1918/00038000#page/89/mode/1up. Acesso em 21-12-2011.

Cartão-postal. Vista do Viaduto do Chá a partir da praça do Patriarca, tendo à esquerda, do outro lado do Anhangabaú, o Grand Hotel Rotisserie Sportsman.

conheceram, o americano tinha acabado de comprar o terreno do antigo Convento da Ajuda, no Rio de Janeiro, onde pretendia construir um hotel "capaz de deixar o Waldorf Astoria parecido com uma tapera amazônica". Além de se transformar, poucos anos depois, no principal advogado dos interesses brasileiros da *holding* Brazil Railway, Chateaubriand acabaria roubando de Farquhar o *chef* Gallon, que seria seu mordomo até o fim da vida. (*ibid.*: 40)

Rui Barbosa foi um dos políticos que frequentava os salões de banquete do hotel, que sediavam reuniões políticas, inclusive em 1909, quando Rui Barbosa disputava a presidência da república.

Outro evento comemorado nos salões do hotel foi o sucesso da primeira viagem de automóvel no percurso Rio de Janeiro – São Paulo, empreendido pelo conde de Lesdain e seus amigos. Sem estradas – a primeira só foi concluída em 1928 –, os viajantes viveram diversos apuros, que eram comunicados através de telégrafos das cidades por onde passavam. Finalmente, após 700 quilômetros de viagem, a jornada foi festejada com champanhe.

O Grand Hotel de la Rotisserie Sportsman também foi o local escolhido por Oswald de Andrade, no segundo semestre de 1919, como residência temporária, após a morte de Deise (Maria de Lourdes Castro Pontes), com quem se casara *in extremis*.

Anúncio do Hotel Rotisserie Sportsman, publicado no *Guia de São Paulo* de 1912, que era organizado por Antonio Fonseca e Domingos Angerami.

Cartão-postal. Vista do novo Viaduto do Chá; Palacete Prates, à esquerda; ao centro, o Edifício Matarazzo, construído no antigo local onde se localizava o Grand Hotel de la Rotisserie Sporstman.

Vista atual do Viaduto do Chá; ao centro, o Edifício Matarazzo, que abriga a Prefeitura de São Paulo desde 2004; à direita o edifício Alexandre Mackenzie, mais conhecido como prédio da Light. Foto: Fernando Salinas, 2012.

Depois da morte de Daniel Souquies, em 1914, o hotel continuou funcionando. Após seu fechamento, o edifício tornou-se a sede da redação do jornal *Diário da Noite*, de propriedade de Assis Chateubriand. Mais tarde, o edifício foi demolido e, em seu lugar, em 1939, foi construído o Edifício Matarazzo, abrigando os escritórios das indústrias até 1947. Posteriormente, passou às mãos do extinto Banco do Estado de São Paulo (Banespa). Desde 2004, abriga a sede da Prefeitura de São Paulo.

Hotel Bella Vista

O Hotel Bella Vista, localizado na rua Boa Vista, 34, inaugurado em 1899, num elegante edifício de três andares, devia seu nome precisamente ao fato de, a partir de seus jardins internos, ser possível apreciar a agradável paisagem do rio Tamanduateí e suas várzeas, bem como o panorama da serra da Cantareira. Na calçada oposta, estava a redação do jornal *Fanfulla*, criado em 1893 e dirigido aos italianos de São Paulo.[43] O edifício do hotel era sóbrio e elegante, com 55 habitações, um bom salão de restaurante, uma sala de visitas, banheiros espaçosos e agradáveis jardins panorâmicos internos. O advogado Alfredo Moreira Pinto (1979: 180) assim o descreve:[44]

HOTEL BELLA VISTA

Está situado na rua da Boa Vista, defronte do escriptorio do jornal italiano *Fanfulla*. Occupa um bello e espaçoso predio e dispõe de 55 commodos. Pos[s]ue boa sala de visitas e bem ordenada sala de jantar, banheiros e um jardim no centro. Dos fundos offerece uma esplendida vista para o Braz.

Um anúncio desse hotel, publicado em 1910, apresentava uma foto da fachada do estabelecimento, acompanhada dos seguintes dizeres:[45]

HOTEL BELLA VISTA
Sarti, Irmãos & Cia.
Salas elegantes,
Quartos confortaveis e
Cosinha de primeira ordem
Telephone n. 210
Caixa postal 311
End. Telegraphic: "SARTI"
RUA DA BOA VISTA, 34
SÃO PAULO

---

[43] *Fanfulla* circulou como jornal diário até 1965; em 1966, tornou-se uma publicação semanal com o título *La Settimana*; em 1979 passa a circular como *La Settimana del Fanfulla*; em 2001 retoma o nome original, *Fanfulla*, sendo atualmente uma publicação quinzenal. Disponível em http://www.jornalfanfulla.com/Interna.aspx?idSite=491&ild=4181. Acesso em 20-12-2011.

[44] Conservou-se a ortografia usada pelo autor.

[45] Extraído, mantida a grafia da época, de anúncio do Hotel Bella Vista publicado no semanário *A Lua*, ano I, nº 5, São Paulo, fevereiro 1910, p. 3.

São Paulo progride

Na virada do século XIX, o prefeito Antonio da Silva Prado

Após diversas reformas administrativas ocorridas em função da Proclamação da República, mais uma vez a estrutura de governo da Província foi alterada, com a Lei nº 374, de 29 de novembro de 1898, que institui o cargo de prefeito (até então, a cidade era governada por representantes da Câmara Municipal). Em 7 de janeiro de 1899, assume o cargo Antonio da Silva Prado (1840-1929) – filho da ilustre dona Veridiana da Silva Prado (filha do barão de Iguape) e de Martinho da Silva Prado –, que já estivera na presidência da Câmara de 1877 a 1890, tornando-se o primeiro prefeito de São Paulo, cargo que manteve por doze anos, até 15 de janeiro de 1911.

Defensor da causa abolicionista, ele estimulou a vinda de imigrantes italianos para o Brasil, tendo implantado fazendas de café na região de Ribeirão Preto. Foi também grande cafeicultor, bem como um banqueiro de sucesso, proprietário do Banco do Comércio e Indústria do Estado de São Paulo, fundado em 1889. Além disso, foi proprietário da Vidraria Santa Marina, de um frigorífico em Barretos e da Companhia Paulista de Estradas de Ferro, tendo sido seu presidente durante trinta anos.

Caixa para depósitos noturnos do Banco do Commercio e Indústria de São Paulo S.A., fixada até hoje na fachada do antigo banco, na rua do Comércio, quase na esquina com a rua Quinze de Novembro. O caixa permitia aos clientes fazer depósitos a qualquer hora do dia ou da noite, mesmo com o banco fechado.

Tonico – ou Antonico, como era chamado – orientou sua gestão para a modernização da cidade. Estimulou as artes e as atividades de lazer, incentivou a construção de pontes e avenidas (como a Tiradentes), a arborização de ruas, e fez grandes edificações (como o Teatro Municipal e a Pinacoteca do Estado, ambos inaugurados em 1911); criou o Jardim da Luz,[1] na época como um jardim botânico, mais tarde transformado em jardim público, e também um velódromo.[2] Preocupou-se, ainda, com obras de aterramento, com o intuito de impedir as enchentes nas várzeas. E, no início de sua administração, começam a circular os bondes elétricos, substituindo os movidos a tração animal – a burros, no caso de São Paulo.

O Decreto nº 2.016, de 2 de março de 1911, determinava a abertura de financiamento para arcar com as despesas decorrentes das obras de "melhoramentos da parte central" da cidade, que incluíram:

- alargamento da rua Líbero Badaró em toda a sua extensão;
- abertura de uma Avenida com jardins lateraes, no valle do Anhengabahú, desde a rua de São João até o largo da Memoria;
- abertura de uma rua desde o largo de São Francisco até a rua José Bonifacio, com uma galeria destinada a dar accesso á rua Direita;
- construcção de um viaducto, ligando o largo do Ouvidor com a rua Xavier de Toledo, por sobre o Largo da Memoria;
- melhoramento do viaducto do Chá, ou construcção de outro com maior largura ou resistencia.

Ramos de Azevedo

A modernização do centro de São Paulo ganhou novos contornos com a presença do engenheiro e arquiteto Francisco de Paula Ramos de Azevedo (1851-1928), que estabeleceu na cidade, no final do século XIX, um escritório técnico de projeto e construção a que deu seu nome, empresa que se tornaria uma referência na construção paulistana nas duas primeiras décadas do século XX. Ramos de Azevedo ergueu prédios em estilo neoclássico, a partir da tradição europeia e do ecletismo, com a utilização de tijolos e argamassa, além de matérias-primas importadas que substituíram, em definitivo, as construções de taipa. Nesses projetos, incorporou novas técnicas de edificação vigentes na Europa, referentes à oferta de conforto, higiene e funcionalidade. Outro traço notável da atuação de Ramos de Azevedo foi a sua ampla visão para os negócios: seu escritório era capaz de cuidar de uma

---

[1] Ao lado da nova Estação da Luz – a atual –, construída entre 1895 e 1901 e restaurada recentemente, no lugar da existente desde 1867.

[2] Em terreno onde hoje se encontra a praça Roosevelt. Foi a origem do Club Athlético Paulistano.

obra por completo, do projeto específico de um edifício residencial ou comercial à aquisição de materiais, contratação de mão de obra, acabamento e entrega.

Ramos de Azevedo imprimiu sua marca em vários edifícios ainda hoje preservados na região central de São Paulo: no Pateo do Collegio, os prédios da Tesouraria da Fazenda e da Secretaria da Agricultura (construídos entre 1886-1896); a Escola Normal (posteriormente Escola Caetano de Campos e hoje Secretaria Estadual da Educação, na praça da República, erguida entre 1890-1894); a Pinacoteca do Estado (fundada em 1905; o projeto, de 1896, era o de uma galeria de arte do Liceu de Artes e Ofícios, onde foi professor); o Teatro Municipal de São Paulo (erguido entre 1903 e 1911); o Palácio das Indústrias no Parque D. Pedro II (construído entre 1917-1924).

Vista atual do Tribunal de Justiça do Estado de São Paulo, localizado no Pateo do Collegio. Inaugurado em 1930, o edifício foi concebido no escritório técnico de Ramos de Azevedo, Severo & Villares para sediar a Bolsa de Valores de São Paulo; no entanto, abrigou o Primeiro Tribunal de Alçada Civil até 2004. Foto: Fernando Salinas.

São Paulo ganha sotaques

A partir da década de 1870 ganha força o fluxo de imigração europeia para o Brasil, com incentivos do governo. Em 21 de março de 1885, é decretada a criação da Hospedaria de Imigrantes, destinada a receber por até seis dias os estrangeiros recém-chegados, propiciando-lhes três refeições diárias e cuidados básicos de higiene, assistência à saúde e, se necessário, tratamentos médicos (inclusive com a internação do paciente), entre outros serviços. Na hospedaria, situada no bairro do Brás, os imigrantes deveriam ser vacinados e registrados. Em 1906, a legislação transforma a Agência Oficial de Colonização e Trabalho em Agência Oficial de Colocação. Com a necessidade crescente de mão de obra, o estímulo à vinda de imigrantes (seja numa imigração espontânea ou subsidiada) cresce ainda mais com o aumento dos plantios de café em toda a Província de São Paulo. Assim, os imigrantes menos abastados recebiam auxílio para encontrar trabalho nas lavouras. Nem todos, porém, se adaptavam ao trabalho no campo, retornando muitos deles à cidade em busca de recolocação em atividades urbanas ou industriais.

Segundo as estatísticas, o número de estrangeiros que ingressaram por São Paulo apresenta o seguinte quadro:

População	1890	1900	1920	1934	1940	1950
Brasileira	1.309.723	1.801.191	3.758.479	5.497.826	6.363.320	8.440.768
Estrangeira	75.030	478.417	829.851	931.691	814.102	693.321
Total	1.384.753	2.279.608	4.588.330	6.429.517	7.177.422	9.134.089

Fonte: Carlos Bacellar et al. Atlas da imigração internacional em São Paulo 1850-1950. São Paulo: Unesp, 2008. Disponível em http://www.arquivoestado.sp.gov.br/imigracao/estatisticas.php. Acesso em 29-12-2011.

Richard Morse afirma que, entre 1908 e 1920, 190 mil imigrantes subvencionados deram entrada pelo porto de Santos, em sua maioria seguindo, inicialmente, para o trabalho nas fazendas. Entre os demais 340 mil imigrantes espontâneos, 80% voltaram-se para atividades na indústria, no comércio ou nas estradas de ferro, tanto na capital como no interior. Para Morse (1970: 301), "muitos desses estrangeiros supriram a necessidade de técnicos, metalúrgicos e mecânicos, por exemplo, que as escolas de São Paulo não formavam", permitindo que a metrópole ganhasse novas feições, ampliasse suas ofertas comerciais e desenvolvesse a sua indústria.

A Light e o transporte urbano

Os bondes da Light bateram
[...] Os automóveis correram
Em redor da varanda

"Brinquedo", Oswald de Andrade (1974: 158)

O avanço nos transportes deveu-se à chegada, em 1899, da empresa canadense The São Paulo Tramway, Light & Power Company, hoje mais conhecida como Light, que investiu também na geração e na distribuição de energia elétrica, considerando que o potencial urbano e industrial de crescimento da cidade propiciava a oportunidade de investimento em uma usina hidrelétrica (Pontes & Mesquita Filho, 2003: 15).

Em 7 de maio de 1900, a São Paulo Tramway implanta a primeira linha de "bonds electriccos", substituindo os bondes puxados por burros. O percurso inicial era de sete quilômetros, ligando a alameda Barão de Limeira (onde se localizava o depósito da Light), nos Campos Elíseos, chegando até o largo de São Bento. Cinco dias depois, era inaugurada a linha que ligava o largo de São Bento ao Bom Retiro.

A propósito da inauguração dos bondes elétricos, o elegante Hotel Joaquim (Joachim's Hotel), aberto em 1899 por Frederico Joachim na então rua de São João, 61, anunciava:

> Hotel Joachim – Hoje! Inauguração dos Bonds Electriccos. – Rua de São João, 61 – Estação Mercadinho – MENU ESPECIAL. (Ferreira, 1971: 104)

Joachim's Hotel

Luxuoso, já em funcionamento na virada do século XIX para o século XX (em prédio existente até hoje), o Joachim's Hotel, de Frederico Joachim, na rua de São João (atual avenida São João, 269), contava com 22 habitações mobiliadas com requinte, um amplo salão de leitura e banheiros sociais. Era frequentado pelas elites e, devido à qualidade de sua cozinha, seu restaurante permanecia constantemente lotado. No primeiro andar havia um salão de concertos, o Salão Steinway. Vendido a Luiz Landó em 1905, passou a operar com o nome de Hotel Panorama, com o telefone 382, mas sempre destacando o Salão Steinway, que não teve seu nome alterado. Desse modo, o Hotel Panorama continuava anunciando a disponibilidade de alugar o salão para bailes, concertos, casamentos e banquetes.

O Salão Steinway ganhou tamanho prestígio e tradição que, mais tarde, ao ser vendido por Landó, em 1909, deu lugar ao Conservatório Dramático e Musical de São Paulo – que já funcionava desde 1906, em outro endereço (Bruno, 1984, v. III: 1307).

Após a venda, o saguão e o restaurante do hotel passaram a ser a entrada direta para a sala de concertos, que funcionou até 1975.

O prédio foi desapropriado em 2006 pela prefeitura, para integrar o complexo da Praça das Artes, que envolve as ruas Conselheiro Crispiniano, Formosa e avenida São João, inaugurado em dezembro de 2012.

A construção do edifício que abrigou o Joaquim's Hotel foi proposta em 1895 e concluída no ano seguinte, por Frederico Joachim, com projeto assinado por Guilherme von Eÿe e João Grass. Sobre o hotel, Junius comenta:

JOACHIM'S HOTEL
Occupa um esplendido predio de dous andares á rua de S. João.
Tem uma boa sala de jantar, 22 magnificos quartos, ricamente mobiliados, sala de leitura de jornaes, banheiros, water-closet, emfim tudo quanto é indispensavel a um hotel de primeira ordem.
No primeiro andar tem um grande salão para concertos.
Pelo prédio que occupa, pela boa cozinha de que dispõe, pelos confortaveis e luxuosos quartos que possue, é este hotel um dos primeiros de S. Paulo. (Pinto, 1979: 180)

Fachada restaurada do antigo Joachim's Hotel, datada de 1886, que mais tarde abrigou o Conservatório Dramático e Musical e que hoje integra a Praça das Artes. Foto: Fernando Salinas.

Hotel Rebechino

Em 1892, com a derrubada dos Banhos da Sereia, foi construído um edifício de escritórios de três pavimentos, onde funcionou inicialmente o Departamento de Polícia. A partir de 1900, após adaptação do prédio, instalou-se o Hotel Rebechino, estendendo-se da rua São Bento à Líbero Badaró, onde operou até 1910, quando se transferiu para a rua da Estação (rua Mauá). Com a mudança do Hotel Rebechino, o edifício foi ocupado pelo Hotel Magnani e depois pelo Hotel Royal,[3] que funcionou

Cartão-postal colorizado, com base numa fotografia de Gaensly. À esquerda, Hotel Bella Vista e à direita, Hotel Rebechino, no largo de São Bento, esquina com a rua São Bento (c.1900-1906). Os dois edifícios mantiveram-se até o início da construção do metrô, quando foram demolidos.

---

[3] Para o jurista Jorge Americano (1891-1969), memorialista da cidade de São Paulo, o Hotel Rebechino não constava na relação dos melhores hotéis da cidade, sendo considerado de "categoria inferior". Por volta de 1912, o Rebechino teria sido vendido e seu nome mudado para Hotel Magnani (Jorge Americano apud Barbuy, 2006: 105).

por curto tempo, embora mantendo a qualidade dos serviços. Exemplo dessa postura foi a tentativa de atrair um público refinado, ao abrir espaço para exposições de arte, como a que teve lugar em outubro de 1912, com a exibição da obra de José Bermudo.

Dos tílburis aos táxis e a moda das confeitarias

Não permita Deus que eu morra [...]
Sem que veja a rua 15
E o progresso de São Paulo

"Canto de regresso à pátria", Oswald de Andrade (1974: 144)

O serviço de tílburis de São Paulo começa a desaparecer a partir de 1910, sendo paulatinamente substituído por um impecável serviço de táxis. Os carros estacionavam não só na frente das estações, mas também nas esquinas e garagens. O preço dos serviços de táxis de garagem era mais elevado do que o dos táxis comuns, mesmo o custo de ambos sendo combinado com antecedência. Os táxis de ponto tinham na placa a letra A e os de garagem, a letra G. Existiam também serviços de carro de aluguel de luxo, cuja letra da placa era L. Os primeiros motoristas (choferes ou *chauffeurs*) profissionais da capital foram os franceses Charles e Frederique Bourjoir, que dirigiam os automóveis da Companhia Auto Taxímetro Paulista.

Em 1911, a Guarda Cívica transforma-se em Guarda Civil, adotando o capacete ao estilo londrino e um cassetete branco, sendo incumbida de orientar o trânsito da cidade, que já começa a apresentar problemas, devido à falta de normas estabelecidas.

Os condutores de veículos obedecerão sempre aos sinais dados pelos soldados encarregados da fiscalização, quer sejam verbais, quer sejam com a mão por meio de bastão, em tudo o que se relacionar com o trânsito nas ruas e praças da Capital.[4]

Assim, novos espaços de circulação tornavam-se necessários para melhorar o trânsito de veículos, bondes, carruagens e pedestres. Após dez anos do início da obra, em 1913 é entregue à população, pelo então prefeito Raimundo Duprat, o viaduto Santa Ifigênia, com estrutura fabricada na Bélgica, toda em estilo *art nouveau*, ligando o largo São Bento ao largo Santa Ifigênia. Em 1970 o viaduto passou por reformas de recuperação da estrutura, com a introdução de pastilhas no calçamento e de luminárias conhecidas como "São Paulo Antigo", tornando-se uma via exclusiva para pedestres.

Passados cinco anos, já em 1915, a maior parte dos clientes que chegavam ou partiam dos hotéis de luxo utilizava-se dos serviços de táxis.

---

[4] Art. 2º, Legislação de 1911, São Paulo, *apud* Hünninghaus (v. II, 1963: 214).

São Paulo progride 87

(acima)
Detalhe do viaduto Santa Ifigênia, inaugurado em 1913 e reformado em 1970.

(ao lado)
Detalhe das luminárias conhecidas como "São Paulo Antigo", no viaduto Santa Ifigênia.

A frota aumentava a cada dia, com veículos importados da Alemanha, França, Itália e Inglaterra. A Primeira Guerra Mundial (1914-1918), contudo, modifica esse panorama, fazendo com que o mercado interno se volte para a importação de veículos dos Estados Unidos. Com o fim do conflito e um mercado crescente, em 12 de maio de 1920 o presidente Epitácio Pessoa concede à norte-americana Ford Motor Company a autorização para fabricar carros no Brasil (Hünninghaus, v. II, 1963: p. 217).

Na virada para o século XX, as ruas do Triângulo – como era conhecido o centro histórico da cidade, delimitado pelas ruas Direita, São Bento e Quinze de Novembro – passaram a abrigar um número cada vez maior de cafés, restaurantes e confeitarias, estas últimas uma verdadeira febre no início da República. As mais famosas eram a Confeitaria Castelões, no largo do Rosário, que permanecia aberta até as 22 horas e, na calçada em frente, a Brasserie Paulista. Na sequência, distribuídas pela rua Quinze de Novembro (ou em ruas vizinhas), estavam a Fasoli (que em 1900 muda-se para a rua Direita, 5) e a confeitaria Pinoni (próxima ao largo

Fachada do Ponto Chic, no largo do Paiçandu, inaugurado em 1922. Foto: Fernando Salinas.

São Paulo progride 89

(acima)
Cartão-postal do largo do Rosário, atual praça Antônio Prado. À esquerda, a Confeitaria Castelões e, à direita, a Brasserie Paulista. Reprodução de foto de Guilherme Gaensly.

(ao lado)
Vista atual da praça Antonio Prado. Acervo pessoal.

São Francisco, na rua São Bento, 1), que proporcionavam boa música de orquestra à sua clientela, e ainda a Nagel e a Progredior (na rua Quinze de Novembro, vizinha à Casa Garraux). Esta última era a favorita das famílias estrangeiras e também bastante frequentada pelos estudantes de direito, entre eles o escritor Oswald de Andrade. Dentre os cafés, destacavam-se o Girondino, o Java, o Acadêmico, o América e o Guarany. Em 1922, inicia suas atividades o Ponto Chic, no largo do Paiçandu, 27, desde então tradicional ponto de encontro de artistas e intelectuais paulistas. Conhecido por ser o local onde Casemiro Pinto Neto inventara o "verdadeiro bauru" (sanduíche de pão francês, sem miolo, com queijo derretido e roast beef), o estabelecimento continua em atividade.

Um anúncio publicado em *A Cigarra*, no ano de 1915, dá conta do funcionamento de outras casas:[5]

SORVETES FINOS
Todos os dias!!
encontram-se no
CAFÉ AMERICA
Largo do Thesouro
e no
CAFÉ ACADEMICO
Esquina das ruas
Direita e S. Bento
De crême 300 rs.
De fructa 200 rs.

Também a Brasserie Paulista se faz presente nas páginas de *A Cigarra*, no ano de 1918:[6]

BRASSERIE PAULISTA
CONFEITARIA
Sortimento completo de artigos para as Festas de NATAL e ANNO BOM.
Especialidade em PANETTONE (Bolo de Natal) preferido pelos conhecedores do artigo e cuja reclame é feita pelos proprios consumidores.
Avisamos que nos PANETTONE encontram-se 100 vales de 2 garrafas do afamado JEREZ QUINA de Manuel Fernandez.
VITTORIO FASANO & C.
Praça Antônio Prado 3 – São Paulo

---

[5] Extraído, respeitada a grafia da época, de anúncio do Café América e Café Acadêmico publicado em *A Cigarra*, ano 1, nº XVII, São Paulo, 5-2-1915, p. 50.

[6] Extraído, respeitada a grafia da época, de anúncio da Brasserie Paulista publicado em *A Cigarra*, ano 5, nº 103, São Paulo, dez. de 1918, p. 11.

Do Triângulo para as estações ferroviárias: a expansão comercial

A partir de meados do século XIX, o desenvolvimento econômico da província de São Paulo percorre os trilhos das estradas de ferro, pelas quais o café era transportado até o porto de Santos e dali exportado. Assim, entre 1862 e 1867 é construída, por acionistas ingleses – embora um dos principais acionistas fosse o barão de Mauá –, a primeira Estação da Luz. A São Paulo Railway, ou a "Ingleza", como era conhecida, operou com exclusividade a linha entre Jundiaí, interior de São Paulo e Santos até a década de 1930, quando a Sorocabana implementou a linha Mairinque-Santos.

No entanto, foi outra empresa inglesa, a Companhia São Paulo Railway, que, entre 1895 e 1900, ergueu a nova Estação da Luz, projetada pelo arquiteto inglês Charles Henry Driver no mesmo local da primeira, com instalações mais adequadas e capazes de atender à demanda da produção cafeeira. Todo o material de construção foi trazido da Europa: a estrutura de aço provinha de Glasgow (Escócia) e os demais materiais, como pregos, tijolos, madeiras e telhas, vieram da França.

A nova Estação da Luz, inaugurada em 1º de março de 1901, constituiu um marco do progresso e do desenvolvimento da cidade, tanto por abrir novos postos de trabalho na capital como por ampliar o movimento urbano e incentivar a criação de novos núcleos de desenvolvimento em seu entorno, além de favorecer o crescimento dos bairros próximos a ela.

Cartão-postal da nova Estação da Luz, recém-inaugurada, reproduzindo foto de Guilherme Gaensly, c. 1901. Cartão postado em 1902.

Largo São Bento, *c.* 1920. Cartão-postal colorizado. À direita, parte do prédio do Mosteiro de São Bento. Ao fundo, o da Companhia Paulista de Estradas de Ferro, já demolido.

É importante ter em vista, também, que o progresso econômico verificado nesse período e o grande afluxo de imigrantes europeus que chegavam à província em busca de trabalho geraram a necessidade de novas edificações destinadas à moradia e ao comércio.

Por consequência, embora a região central da cidade – em especial o Triângulo – continuasse a ocupar uma posição de destaque como zona comercial, o aumento demográfico e o investimento em transporte possibilitou que outras áreas começassem a atrair novos negócios.

Hotéis próximos às estações

Em 1903, foi aberto o mais elegante hotel nas vizinhanças das estações da Luz e da Sorocabana: o Grande Hotel Fraccaroli, rua da Estação (rua Mauá), 113. Foi um estabelecimento de renome na capital, com ampla freguesia formada por fazendeiros paulistas e seus familiares.

Em 1906, no entorno das estações de trem, para onde a cidade se expandia, muitos novos hotéis foram inaugurados, mas nenhum de categoria internacional: Hotel Federal Paulista e Hotel dos Estados, em frente à Estação da Luz; Hotel Diener, na rua da Estação; e, próximo à Estação do Brás, o Hotel Nacional. Em sua visita a São Paulo, Alfredo Moreira Pinto constatou que "desses hotéis há outros muitos, sendo ainda importantes o Federal e dos Estados, na Luz, e o Nacional, no Braz" (Pinto, 1979: 181).

No ano seguinte (1907), em um prédio de dois andares, estilo *art nouveau*, é inaugurado o Grande Hotel Roma, na rua da Conceição, 81 (atual avenida Cásper Líbero), telefone 4835, também próximo às estações da Luz e da Sorocabana. O edifício, construído especialmente para ser hotel, "possuía todas as acomodações e confortos modernos para bem servir os senhores viajantes e as excelentíssimas famílias", segundo constava em seu texto de divulgação.[7]

GRANDE HOTEL ROMA
Proprietario Affonso Bottiglieri
Este novo e bem montado hotel, installado em predio especialmente construido para tal fim, possue todas as accommodações e confortos modernos para bem servir os srs. viajantes e as exmas. familias – Rua Conceição 81, S. Paulo, telephone 4835 (proximo ás estações da Luz e Sorocabana).

David Simões Dias, proprietário do Hotel Portugal, anunciava suas novas instalações em frente às estações da Luz e Sorocabana, visando atrair uma clientela familiar, vinda do interior, e que estaria de passagem por São Paulo. Os serviços oferecidos pelo hotel incluíam restaurante, banhos quentes e frios, além de aquisição de passagens para o exterior. Destaca-se ainda que o proprietário residia com a família no hotel.

Cartão de divulgação do Hotel Portugal, rua da Conceição, 113 (hoje, avenida Cásper Líbero), *c.* 1915.

---

[7] Extraído, respeitada a grafia da época, de anúncio do Grande Hotel Roma publicado em *A Cigarra*, ano 1, nº XVII, São Paulo, 5-2-1915, p. 53.

O Triângulo e a "Cidade nova"

Sorri uma garoa cor de cinza, [...]
Mas nêste largo do Arouche
posso abrir o meu guarda-chuva paradoxal [...]

"Paisagem nº 3", Mário de Andrade (1922: 105)

Hotel Suisso

Em 1910, no largo do Paiçandu, na esquina com a atual rua do Boticário, é inaugurado o Hotel Suisso. Elegante, moderno e confortável, esse estabelecimento teve, no entanto, curto período de atividade.

Cartão-postal do largo Paysandú (c. 1920), como se grafava na época. No lado esquerdo, o Hotel Suisso (outra grafia da época).

Em imagem de 1922, o Hotel Suisso iluminado em comemoração ao Centenário da Independência do Brasil. Cartão-postal sem informações de edição, postado em 26 de junho de 1923 para a Alemanha.

São Paulo progride 95

(acima)
Cartão-postal Brasil-São Paulo, *c.* 1926. Vista do largo do Paiçandu, onde à esquerda, na esquina com a rua do Boticário, estava o Hotel Suisso. Ao fundo, à esquerda, o antigo Hotel Regina. Ao centro a torre da Igreja Luterana de São Paulo, na avenida Rio Branco (antiga avenida Campos Elyseos).

(ao lado)
Vista atual do largo Paiçandu, onde se localizava o antigo Hotel Suisso, na esquina com a rua do Boticário. Foto: Fernando Salinas.

A partir de 1910, além de casas especializadas e de clubes, São Paulo começa a abrigar mais espaços para exposições de arte. Embora sem uma atuação permanente nesse campo, diversos hotéis – entre eles o Majestic Hotel, o Hotel Diniz, o Royal Hotel (antigo Rebechino) e o Grande Hotel –, compreenderam a importância de acolher eventos culturais, seguindo o exemplo do Grand Hotel de la Rotisserie Sportsman, onde, em 1906, teve lugar a exposição de obras de Giuseppe Cavaliere.

Hotel Majestic

Inaugurado em 9 de março de 1910, na rua São Bento, 61 (no mesmo prédio onde inicialmente funcionara o Grand Hotel de la Rotisserie Sportsman, que se transferira para outro endereço), o Hotel Majestic apresenta-se como uma opção de luxo para receber hóspedes refinados, ao propiciar um salão de festas com serviço de chá e restaurante ao estilo francês. A reportagem – publicada em português e francês, a exemplo do anúncio – sobre o estabelecimento, por ocasião do início de suas atividades, detalha as facilidades oferecidas:

> Instalado em espaçoso predio da rua de S. Bento n.os 61 e 61 A, dispõe o novo estabelecimento de todos os requisitos para poder-se chamar um modelo no genero: sala de refeições espaçosa, salões para recepções, banquetes e festas, saletas de espera, alcovas arejadas e demais dependencias necessarias e indispensaveis,

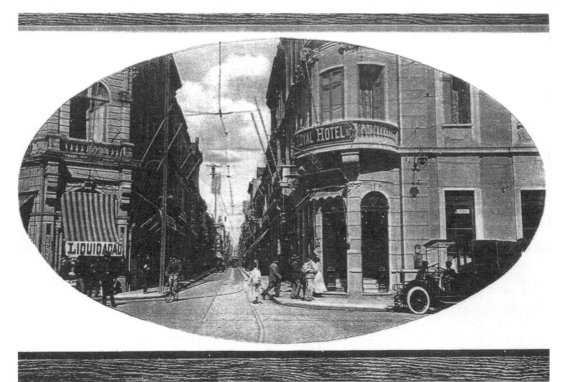

Cartão-postal. São Paulo, rua São Bento. À direita, o Royal Hotel, largo São Bento, 97, no local onde antes funcionava o Hotel Rebechino.

tudo espaçoso, claro e confortavel. Alem disso o Hotel Majestic possue baterias, serviços, moveis, adornos, importados da Europa expressamente para elle, que são de uma riqueza e de um bom gosto inegulaveis, sendo a maioria dos compartimentos esteirados e atapetados, ostentendo finas pinturas, onde predomina a côr clara em combinações artisticas. [...] os proprietarios contractaram na Europa pessoas reconhecidamente conhecedoras do serviço. Assim, a direcção geral do hotel está nas mãos do seu gerente o Sr. Henri Zeiger, velho no officio, sendo chefe de cosinha — um francez, vindo especialmente para tal, Sr. Egloffs, pâtissier o Sr. Lobrs e maître d'hôtel o Sr. Barras. Duvidamos que haja em todo o Brazil casa desse genero tão competentemente dirigida, estabelecimento igual tão bem instalado e hotel com um serviço tão escolhido.[8]

Já um anúncio publicado em *A Lua*, no ano de 1910, o apresentava da seguinte maneira:[9]

HOTEL MAJESTIC
Este hotel abriu-se no dia 9 de março, ás 2 horas da tarde.
Restaurant de primeira ordem, á franceza.
Serviço para mesa, de prata, procellana, chrystal e linho.
Servido à la carte ou a preço fixo.

Chá de primeira ordem servido ao salão das festas, com entrada independente do Restaurant, de 3 horas ás 5 da tarde, todos os dias.

Cet établissement vient de s'ouvrir, l'inauguration a eu lieu le 9 du mois courant à 2 heurs de l'après midi. RESTAURANT de tout prémier ordre, à la française.
Serviço À LA CARTE ou a prix fixe.
"Five o'clock tea" servi dans la salle de fêtes, avec entrée indépendante du salon de restaurant, servi tous les jours, de 3 à 5 heures.
N. 61 RUA DE SÃO BENTO N. 61
Telephone N. 2129

Em agosto de 1912, o Majestic propiciou um espaço de exposições para a obra de Vila y Prades. No ano seguinte, em outubro, teve lugar uma coletiva de artistas italianos, organizada por Flavio Giosi e, em novembro de 1913, uma coletiva de artes aplicadas, organizada por Júlia Archambeau. Em outubro de 1912, houve uma exposição de obras de José Bermudo, no Hotel Royal; e, em junho de 1913, uma de Arachtingy, artista francês. Já no Grande Hotel, além da coletiva de arte espanhola, organizada por José Pinello Llul (janeiro de 1913), ocorreram exposições individuais

---

8 "Hotel Majestic. Uma visita." Em *A Lua*, ano 1, nº 10, março de 1910, p. 4. Disponível em http://www. arquivoestado.sp.gov.br/pageflip/prophp/main.php?MagID=12&MagNo=12. Acesso em 12-12-2011.

9 *Ibid.*, p. 3. Extraído, respeitada a grafia da época, de anúncio do Hotel Majestic publicado nessa edição de *A Lua*.

Anúncio do Hotel Majestic no *Guia de São Paulo*, 1912.

de Augusto Luís de Freitas (março de 1913), de Ribas Prats (agosto de 1913). E, em abril de 1920, a exposição de obras de Carlos Crisci (Rossi, 1988-1989: 109-110).

Como os muitos almanaques da época, o *Guia Prático de São Paulo*, de José Ascoli, mais conhecido como *Guia Ascoli*, publicava grande número de miscelâneas. Dentre elas, divulgava estabelecimentos hoteleiros dirigidos por italianos ou seus descendentes. Usando um critério atual, esses hotéis poderiam ser de categoria três ou quatro estrelas, com exceção do Grande Hotel Fracarolli, que, sem dúvida, seria digno de cinco estrelas.

Hotel Paulista

O *Guia de São Paulo*, de 1912, de Antonio Fonseca e Domingos Angerami, recomendava, por sua vez, os seguintes hotéis:

> Entre os hotéis de luxo de São Paulo, recommendamos aos srs. viajantes a Rotisserie Sportsman, o Majestic Hotel, e o Grande Hotel, todos no centro da cidade. O Hotel do Oeste (que occupa tres grandes edificios); o Royal Hotel, o Hotel da Bella Vista, a Pensão Allemã, egualmente situados no centro; o Hotel de Roma, o Hotel Federal, o Grande Hotel do Sul, a Pension Diener, a Pension Suissa e o Hotel Albion são

Cartão-postal colorizado com panorama a partir do Belvedere, no parque Trianon, na avenida Paulista. Ao fundo, o espaço ocupado hoje pela avenida Nove de Julho, c. 1910.

estabelecimentos confortaveis, cujos preços variam entre 6 a 9$000 réis por diaria para uma só pessoa.
Na Avenida Paulista ha o Hotel Paulista, annexo ao Instituto Paulista. É um esplendido estabelecimento em que os srs viajantes encontram todo o conforto. Situado em um dos logares mais apraziveis da cidade, o edificio do Hotel é cercado de bellissimo parque, de onde se descortina o lindo panorama da cidade. Ha bondes à porta (linha Avenida nº 3) custando a passagem apenas 200 réis.[10]

Em anúncio de página dupla, o Instituto Paulista divulga que dispõe de sanatório, casa de saúde, pavilhão de fisioterapia e hotel. A casa de saúde, chefiada pelo doutor Vampré, oferecia tratamento para "molestias mentaes e nervosas, do alcoolismo, morphizomania, histeria epilepsia, neurasthenia";[11] já o pavilhão de fisioterapia dispunha de hidroterapia e massagens manuais e elétricas. O Hotel Paulista consistia num benefício proporcionado às famílias que acompanhavam os doentes:

É situado na Avenida Paulista, num dos logares mais saudaveis e pittorescos de S. Paulo, numa grande chacara transformada em parque com bosques e jardins. [...]

---

[10] Foi preservada a ortografia da época.
[11] *Correio da Semana*, São Paulo, 7-11-1916, pp. 8-9. Anúncio do Instituto Paulista. Disponível em http://www.arquivoestado.sp.gov.br/upload/pdfs/CS191611238.pdf. Acesso em 29-12-2011.

Cartão-postal colorizado exibe vista panorâmica da praça da Sé, em que passam bondes elétricos, c. 1920.

Construído expressamente em edifício independente e montado com todo conforto, recebe pessoas que acompanham doentes e mais que queiram hospedar-se. Preços especiaes para pensionistas.
[...]
Avenida Paulista 49-A (rua particular) S. Paulo

Ainda no *Guia de São Paulo*, 1912, encontramos informações sobre o percurso de bondes que passavam pelos hotéis:

Linha 3: Avenida – Hotel Paulista
Linha 11: Santa Cecília – Hotel Albion, Hotel Diener, Hotel Federal, Hotel Roma e Hotel São José.
Linha 13: Barra Funda – Hotel São José.
Linha 23: Bom Retiro – Hotel Albion, Hotel de Paris, Hotel Federal e Hotel Roma.
Linha 27: Hygienópolis – Hotel São José.

Em diferentes trechos do *Guia Ascoli*, de 1912, encontra-se ainda a seguinte lista de hotéis:[12]

---

[12] Manteve-se a ortografia empregada no original.

- Grande Hotel Fraccaroli, rua Mauá 113, telephone 3055.
- Hotel da Patria, rua Brigadeiro Tobias 10, Commodidades para os Passageiros, proprietário Vittorio Vescovini.
- Hotel de Paris, rua Brigadeiro Tobias 89 esquina rua da Estação, proprietário Claude Robbé.
- Hotel d'Oeste, Largo São Bento 6, proprietário Zucchi & Irmãos.
- Hotel do Leão, Av. Rangel Pestana 217. Grande sortimento de Bebidas, proprietário Manuel Pinheiro Guimarães.
- Hotel dos Viajantes (antigo Hotel Braz) Av. Rangel Pestana 223, proprietário José Soares das Neves.
- Hotel Familiar e Penção [sic], rua Bom Retiro 90, proprietário Rodrigues Netto.
- Hotel Federale, rua da Estação 15, proprietário Erminio Fillipo.
- Grand Hotel des Extrangers, Travessa do Grande Hotel 12 e rua Libero Badaró 74ª, proprietária Mma. Maria Filiberti.
- Grande Hotel Roma, rua da Estação 23, telephone 758, enfrente [sic] à porta da Estação, proprietário Irmãos Cocito.
- Grande Hotel Rebechino, rua São Bento 97, esquina Largo São Bento – Com Grande Sala de Jantar, proprietário Domingos Mei.
- Hotel e Restaurante La Bella Italia, rua da Estação 49, Garante-se bom trattamento, proprietário Pasquale Cancellara.
- Hotel Unione Italiana, rua Brigadeiro Tobias 100 – Bebidas todas as qualidades das migliores fabriches, proprietário Silvio Fantoni.
- Hotel Veneto e Romagnolo, rua Bom Retiro 33, proximo as Estações da Luz e Sorocabana – Dirigido de Colombari Ettore.
- Hotel Victoria, rua Bom Retiro 43 – Recebe-se pensionistas, fhala-se Franceze, Alemão e Italiano, proprietário Celestino Pasquale Padre.
- Novo Hotel do Estado, rua Brigadeiro Tobias 81, Casa de primeira ordem, proprietário Manuel Pérez e Irmãos.

No mesmo *Guia Ascoli* de 1912, encontram-se também dois anúncios publicitários em italiano, visto que a cidade de São Paulo contava com uma grande imigração de italianos que chegavam para trabalhar e estabelecer-se na capital:

- Hotel do Commercio – L'Hotel do Commercio avvisa i signori viaggiatori che offre splendida comodità e camere bene arieggiatte a prezzi modici. Cuccina italiana.
  Vini importati diretamente dal proprietario Basilio Michelin.
  Rua da Estação n. 17 S. PAOLO [...]
- Pensão Milano – Casa Especial para Senhoritas Artistas – Proprietária Mme. Serafina Ricotti, rua São João 30 telephone 32 SP.
  Este importantissimo estabelecimento dispõe de Bellos Comodos elegantemente mobiliados. Gabinetes Reservados – Serviço primoroso – Cosinha Italiana e Franceza de 1ª ordem – Preços Módicos.

Anúncio da Pensão Milano, publicado no *Guia Prático de São Paulo* (Ascoli, 1901).

Pensão Milano

Casa especial para Artistas

PROPRIETÁRIA

Mme. Serafina Ricotti

Telephone N. 32

Rua S. João N. 30 ☞ S. PAULO

Este importantissimo estabelecimento dispõe de bellos commodos elegantemente mobiliados.

Gabinetes reservados   Serviço primoroso

Cosinha italiana e franceza de 1. ordem

Preços modicos

Pensões

A Pensão Milano, na rua São João, ficava ao lado da Pension Pour Artistes Maison Dorée, que funcionava no pavimento superior do edifício, enquanto no térreo havia o depósito de uma fábrica que vendia roupas.

No início do século XX, a rua Conselheiro Crispiniano tornou-se ponto importante para o estabelecimento de pensões, consideradas "elegantes", que recebiam não só fazendeiros e homens de negócios de passagem pela capital, mas também mulheres, muitas delas "coristas" de companhias artísticas em temporada na cidade. Algumas das pensões mais conhecidas eram a Palais Royal, a Palais Elegant e a Estrela de Monmartre.

Hotel da Paz

Em 1915, foi inaugurado um novo Hotel da Paz (o seu homônimo anterior, localizado na rua São Bento, já desaparecera havia muitos anos). Este novo se situava na rua Barão de Itapetininga, 60 (hoje 262), telefone 116, bem próximo à praça da República, logradouro que unia o centro velho ao centro novo. O edifício, especialmente construído em 1913 para ser estabelecimento de hospedagem, tinha três andares, além do térreo, e, nos apartamentos da frente, havia grandes janelas com sacadas e pequenos terraços. A fachada, seguindo o estilo eclético, apresentava falsas colunas neoclássicas. Oferecia bons serviços de restaurante. Um anúncio da época noticiava:

Ponte metálica nos jardins da praça da República. Cartão-postal, c. 1900.

Situado em parte central da cidade em prédio novo e confortável e obedecendo a todas as regras da hygiene moderna – Dormitórios esplendidos. Sala de jantar de 1ª ordem. Para comodidade dos senhores hóspedes e Exmas. Famílias.

Esse hotel ocupava um prédio de quatro pavimentos onde, mais tarde, a Confeitaria Viennense, a casa de chá mais elegante da cidade, se estabeleceria no térreo (anteriormente a confeitaria ficava em frente ao Hotel da Paz, no número 63 da mesma rua), ali funcionando até os anos 1960. No edifício instalou-se também o escritório do poeta e jornalista Guilherme de Almeida e a famosa Escola de Danças e Boas Maneiras de Madame Poças Leitão (1884-1974), em 1915. Esses dois estabelecimentos garantiam a frequência da elite intelectual e social paulista que assiduamente marcava seus encontros ao som dos violinos e do piano do salão de chá da Confeitaria Viennense. Além disso, a praça da República, escolhida para abrigar, em 1894, a Escola Normal, cujo prédio foi planejado por Ramos de Azevedo e Antônio Francisco de Paula Sousa, permitia que as moças da sociedade paulistana frequentassem a área.

Edifício da Paz, onde funcionaram o Hotel da Paz e a Confeitaria Viennense, na rua Barão de Itapetininga. Foto: Fernando Salinas.

Anúncio da Confeitaria Viennense, anterior a sua mudança para o prédio do Hotel da Paz, divulgava da seguinte maneira o estabelecimento, no ano de 1924:[13]

Confeitaria Viennense
Especialidade em Doces Vienneses, Creme Chantilly,
Sorvetes, Café viennense, Creme Imperial.
Concertos das 3 ás 6 e das 9 ás ½ horas da noite.
Rua Barão de Itapetininga, 63
Em frente ao Grande Hotel da Paz
TELEPHONE, CENTRAL 1239

Na década de 1930, foi colocado um grande cartaz luminoso na fachada do prédio, destoando de seu estilo original. O hotel encerrou suas atividades nos

---

[13] Extraído de anúncio da Confeitaria Viennense, que faz referência ao Grande Hotel da Paz para melhor informar sua localização. Mais tarde a Confeitaria mudou-se para o edifício do hotel, ali permencendo até os anos 1960. Em *Vida Moderna*, São Paulo, ano XX, 16-10-1924, p. 39.

primeiros anos da década de 1950. O edifício, hoje tombado pelo Patrimônio Histórico, conservou o nome do hotel – Edifício da Paz.

Atualmente, o Edifício da Paz faz parte de um roteiro turístico bastante peculiar: o "roteiro fantasma". O percurso proposto inclui não locais de crimes ou tragédias, e sim prédios que apresentam "histórias de manifestações do além",[14] como o Edifício Martinelli, a Biblioteca Mário de Andrade e o próprio Edifício da Paz.

Entre 1917 e 1922

Em 1917, o antigo Hotel Rebechino, situado no início do século XX na rua São Bento, dando para o largo, reabre, agora instalado num prédio novo, na rua Mauá, 211, telefone 1968. E é na lista telefônica de São Paulo publicada em 1917 que identificamos esse e outros hotéis, espalhados pelos "centros" (velho e novo), e pelas proximidades das estações ferroviárias:

- Hotel do Commercio, rua Mauá, 113, tel. 1026.
- Hotel Esmeralda, rua Brigadeiro Tobias, 128, tel. 4160.
- Hotel da Estação, rua Florêncio de Abreu, 162, tel. 1034.
- Hotel dos Estrangeiros, rua Xavier de Toledo, 7, tel. 1929.
- Hotel Federal, rua Mauá, 107, tel. 760.
- Hotel Fraccaroli, rua Mauá, 121, tel. 3055.
- Hotel Jardineira, rua Boa Vista, 43, tel. 3088.
- Hotel d'Oeste, rua Boa Vista, 72, tel. 586.
- Hotel d'Oeste (filial), rua Boa Vista, 55, tel. 1232.
- Grande Hotel Paulista, rua Mauá, 99, tel. 2474.
- Grande Hotel da Paz, rua Barão de Itapetininga, 60, tel. 177.
- Grande Hotel Roma, rua Conceição, 81, tel. 3413.
- Grande Hotel Suisso, Largo Paissandu, 38, tel. 1721.
- Hotel dos Viajantes, Largo General Osório, 2, tel. 5082.
- Hotel Rebechino, rua Mauá, 211, tel. 1968.

Entre os anos de 1918 e 1920, foram inaugurados mais hotéis na região central da cidade:

- Hotel Carlton,[15] rua Libero Badaró, 72, tel. 2956.
- Hotel Luxo, rua Barão de Itapetininga, 6, tel. 3268.
- Hotel Theatro São José, rua Barão de Itapetininga, 1, tel. 528.

---

[14] Bárbara Souza, "Roteiro fantasma celebra os 457 anos de São Paulo". Disponível em http://blogs.estadao.com.br/jt-cidades/tag/457-anos/. Acesso em 25-12-2011.

[15] O Hotel Carlton existia em 1915 e foi um dos cenários da conturbada vida amorosa do escritor Oswald de Andrade, no caso de seu romance com a jovem bailarina Landa Koshbach. O episódio é relatado por Maria Augusta Fonseca (2007: 85).

- Hotel Avenida, av. São João, 90, tel. 4090.
- Hotel Savoy, rua 24 de Maio, 67, tel. 4654.
- Hotel Conde Turim, rua Conceição, 27, tel. 671.
- Hotel Moderno, rua Florêncio de Abreu, 81, tel. 2576.

No *Guia Ascoli* de 1921, encontramos outros anúncios que revelam os tipos de hóspedes que os proprietários dos hotéis queriam alcançar. Assim, em diversos idiomas, especialmente em italiano, a publicidade hoteleira invade a imprensa escrita:

Cartão-postal colorizado, mostrando a rua São Bento, cruzamento com a rua da Quitanda, a partir da praça do Patriarca, *c.* 1929. À direita, a sede do Mappin Stores no período de 1919 a 1939, após o qual o estabelecimento foi transferido para a praça Ramos de Azevedo. Ao centro, na esquina, prédio onde funcionava a Casa Fretin.

- Hotel e Rest "La Bella Italia" – Si mangia tutte le ore. PASQUALE CANCELLARA – Questo accreditato stabilimento se trova montato in condizioni di bem servire i sigg. viaggiatori. Possiedi eccellenti comodi mobiliati per famiglie – Garantisce buon tratamento e buon ordine. Rua Mauá 161 (ant rua da Estação) Davanti alle Stazioni della Luce e Sorocabana – Caixa do Correio 859 Tel. 474.
- Grande Hotel d'Oeste – rua Boa Vista 72 Tel 586 – Filial rua Boa Vista 55 tel. 1232 – Supplemento Lgo. São Bento 1 tel. 2782.

Nos anos 1921 e 1922 não se registraram inaugurações significativas para a hotelaria. No entanto, os novos hotéis continuaram a instalar-se "nos centros" (o antigo e o novo) da cidade, segundo registra o *Guia Ascoli* de 1922:

- Hotel Meublé Milanesi, Av. São João, 42, 1º, 2º, 3º e 4º andares, tel. 6888
- Hotel da Sé, rua Santa Tereza, 24ª, tel. 2614 (matriz)
- Hotel da Sé, Largo da Sé, 37, tel. 5386 (filial)
- Hotel Victoria, rua Direita, 28, tel. 2256
- Hotel Victoria, Av. São João, 30/39, tel. 1287 e 1296 (filiais)

Datava de 1922 a construção do edifício em estilo *art déco* na atual avenida Cásper Líbero, 584, que abrigava o antigo Hotel Bandeiras. O edifício foi demolido em agosto de 2006, para dar lugar às obras da linha quatro do metrô. Esse era o único edifício do lado par que, por seu recuo, conseguira sobreviver à ampliação, na

Vista da praça da Sé, a partir da antiga catedral; à direita, parte do palacete Santa Helena. Cartão-postal da praça da Sé, "centro velho", meados da década de 1920.

década de 1940, da rua Cásper Líbero. Embora a opinião pública tenha se mobilizado por meio de abaixo-assinado, o Conpresp não aprovou a preservação do prédio.

Hotel Terminus: um marco na hotelaria paulistana

Em 1923, o setor hoteleiro da cidade de São Paulo dá um grande salto e inicia um novo ciclo, com a abertura do Hotel Terminus, na rua Brigadeiro Tobias, 576, esquina com a rua Washington Luís, um marco da hospedagem paulistana, pois localizava-se num setor considerado (ainda) nobre da cidade. Um hotel para a elite.

Rivalizando em modernidade e conforto com o Hotel Esplanada, as instalações do Terminus constavam de amplo estacionamento para automóveis, salões de festas e convenções, teatro, sala para leitura e jogos, barbeiro, manicure, lavanderia, além de bares e restaurantes que se tornaram muito famosos. E suas acomodações ofereciam apartamentos e suítes elegantes, num total de 250 apartamentos, sendo duzentos com banheiros privativos, o que era um grande diferencial de conforto.

Permaneceu em funcionamento até 1943, ano em que, por determinação do governo federal, a propriedade foi encampada para fins de utilidade pública. Nesse lugar, até o final da década de 1990, funcionou a Secretaria de Segurança Pública.

Com isso, a família Witz, proprietária do Hotel Terminus, transferiu-o para a avenida Ipiranga, 741, esquina com a praça da República, ponto ainda tranquilo e

Edifício Vera Cruz, *c.* 1930, reproduzido em envelope oferecido aos hóspedes do Hotel Terminus.

São Paulo progride 109

Anúncio do Hotel Terminus, *Revista Rotary Brasileiro*, nº 119, jan. 1939.

Vista atual do Hotel Terminus, em seu segundo endereço, na avenida Ipiranga, 741.
O edifício foi restaurado após a reintegração de posse, em 2003.

elegante na década de 1940. O Hotel Terminus passou a ocupar um prédio de onze andares, com setenta apartamentos, tornando-se vizinho do Hotel Marabá e do Excelsior, num ponto privilegiado da cidade, o que lhe garantiu ser frequentado por artistas e intelectuais de renome da época. Conta-se, por exemplo, que o escritor norte-americano William Faulkner (1897-1962), em sua viagem a São Paulo, teria acordado de ressaca no Hotel Terminus, pensando que estava em Chicago e que teria perdido o voo para o Brasil (Mattos, 2002: 11).

No entanto, a degradação do antigo centro de São Paulo, especialmente na década de 1980, determinou a decadência do hotel e seu fechamento. O prédio do Hotel Terminus voltou a ser notícia, ao ser ocupado em junho de 2003 por integrantes de movimentos sociais que lutam por moradias populares. Os apartamentos estavam ainda mobiliados, como garantia de parte da dívida do hotel. Após onze dias de resistência, o grupo desocupou o edifício.

Prosseguindo com a renovação do ramo hoteleiro em São Paulo, houve, em 1924, duas inaugurações significativas: Hotel Esplanada e Hotel Regina.

Hotel Esplanada

Vou fazer / A balada / Do Esplanada /
E ficar sendo /
O menestrel / De meu hotel[...]
"Balada do Esplanada", Oswald Andrade (1974: 165-166)

O Hotel Esplanada, telefone 5950, instalou-se na ladeira Esplanada, sem numeração, atrás do Teatro Municipal (na época conhecida como Esplanada do Teatro), num prédio de sete andares e 2.550 m². A fama e a categoria deste hotel ultrapassaram as fronteiras do país.

Construído a partir de 1923, por encomenda da família Guinle, teve como arquitetos os franceses Émile Viret e Gabriel Marmorat, os mesmos que projetaram o Hotel Copacabana Palace do Rio de Janeiro, também de propriedade da família Guinle. Após a conclusão da obra, o edifício foi adquirido pelo conde Rodolfo Crespi. Suas linhas em estilo neoclássico são referência na arquitetura paulistana. O edifício contava com cerca de duzentos apartamentos de luxo, além de seus restaurantes, da boate (que apresentava artistas nacionais e internacionais) e de seu saguão de entrada, feito em mármore de Carrara. Por muitos anos, o Esplanada foi ponto de encontro de artistas, especialmente daqueles que se apresentavam no Teatro São José (inaugurado em 1909) e no Teatro Municipal (inaugurado em 1911), além de ser frequentado pela sociedade paulistana em geral. Seu restaurante teve

Teatro Municipal e Hotel Esplanada, década de 1920. O cartão, editado pela Wessel, foi postado em 1928.

como *chef*, no final da década de 1940, o francês Roger Henri, anteriormente *chef* do hotel parisiense Henri V. O *chef* Henri, em 1954, abriu seu próprio restaurante, o hoje tradicional *La Casserole*, no largo do Arouche (Podanovski, 1988: 24).

De suas sacadas, tinha-se uma vista panorâmica do parque do Anhangabaú, na época tranquilo e ajardinado. No entanto, o hotel encerra suas atividades precocemente, em 1955.

O destino do Esplanada

Ainda que o motivo possa ser puramente sentimental – os pais do empresário Antonio Ermírio de Moraes, José Ermírio de Moraes e Helena Pereira, celebraram em 1925 seu noivado num dos luxuosos salões do hotel e teriam passado parte de sua lua de mel lá hospedados –, no intuito de preservar o lugar, o Grupo Empresarial Votorantim adquiriu, em 1963, o edifício que abrigara o Esplanada, empreendendo uma grande obra de restauração da fachada e de recuperação das áreas internas. Batizado de Edifício Ermírio de Moraes, em 1965 instala-se no prédio a sede administrativa da Companhia Brasileira de Alumínio (CBA), pertencente ao grupo.

Em 1992, o prédio foi tombado pelo Conpresp (Conselho Municipal do Patrimônio Histórico), o que exige a preservação do desenho de sua fachada. No ano 2000, a Companhia executou nova restauração, propiciando uma iluminação para destacar as linhas arquitetônicas da fachada, recuperando também a praça Ramos de Azevedo e responsabilizando-se por sua manutenção.

No entanto, no início de 2011, o Grupo decidiu vender o edifício. Com esse objetivo, representantes da Votorantim procuraram a Prefeitura de São Paulo, que logo fechou o negócio, estimado em 32,5 milhões de reais. Por fim, após 47 anos como sede da Votorantim Metais, a cerimônia de transferência do imóvel para o Governo do Estado de São Paulo efetivou-se em 5 de novembro de 2012. Estima-se que futuramente o edifício abrigará a sede da Secretaria de Agricultura e Abastecimento do Estado.

Foto do Esplanada Hotel, c. 1935. Reproduzida em bilhete postal da editora Pocai, postado em 1940.

São Paulo progride 113

Esplanada Hotel, foto Wessel, c. 1940.

Cartão-postal do Teatro Municipal, ao centro, e Hotel Esplanada, à direita.

Hotel Regina, depois, São Paulo Center Hotel

*Meu pensamento é tal-e-qual São Paulo, é histórico e completo,
É presente e passado e dele nasce meu ser verdadeiro.*

"Momentos", Mário de Andrade (1925)[16]

Ao fundo, prédio do antigo Hotel Esplanada; à esquerda, o Teatro Municipal; no primeiro plano, a praça Ramos de Azevedo. Foto: Fernando Salinas.

Na década de 1920, outro edifício de alto padrão construído especialmente para ser um hotel foi, por sua vez, o Hotel Regina, no largo Santa Ephigênia, 8, telefone 6460, inaugurado em 1924, tendo permanecido em atividade até 1936. Seu projeto e construção foram de responsabilidade do escritório Ramos de Azevedo, que grava sua marca na entrada do hotel, numa placa com os dizeres: "F. P. Ramos de Azevedo & Cº, Engenheiros Architectos e Constructores". A construção foi cuidadosamente enriquecida com mármore de Carrara, ferros estruturais importados da Inglaterra, encanamentos de cobre, cristais belgas, com esquadrias e lambris de pinho-de-riga.

---

[16] Lopez & Figueiredo (2012: 48).

Largo de Santa Ephigenia e, ao fundo, o Mosteiro de São Bento, c. 1930. À esquerda, Hotel Regina; cartão-postal da editora Brascard-Best Western, 1995.

Os apartamentos e salões do Hotel Regina eram luxuosos e os serviços de restaurante e bar, de alta categoria; contava com jardins internos e uma garagem para estacionamento de automóveis. Com o fechamento do hotel, o edifício ficou abandonado e, nos primeiros anos da década de quarenta, já em estado precário, foi ocupado pela Quarta Zona Aérea de São Paulo. Foi durante esse período que suas instalações e decoração foram sendo completamente deterioradas e descaracterizadas.

O destino do Regina

Em 1965, o imóvel foi deixado pela aeronáutica e colocado à venda. Somente em 1968 surgiu um comprador interessado, Elias Abud, que recuperou o edifício e suas instalações. Sua fachada foi restaurada, respeitando as linhas arquitetônicas originais.

Assim, em maio de 1973, o antigo Hotel Regina deu lugar ao São Paulo Center Hotel, estabelecimento classificado pela Embratur dentro da categoria de quatro estrelas. Entre apartamentos e suítes, o hotel contava com 111 unidades (cem apartamentos, dez suítes, uma suíte real), bons serviços de restaurante e bar, sauna, barbearia, salão de convenções e um amplo estacionamento. Na reportagem de inauguração do São Paulo Center, destacam-se os elementos que valorizam o conforto e a modernidade de suas instalações, embora sejam preservados o *hall* de entrada, o elevador, a fachada e o portal:

> Os apartamentos (todos com banheiro privativo; e as suítes, com o atrativo adicional de uma tevê a cores) [...] ar condicionado (com controle individual em cada apartamento); sauna, barbearia e salão de beleza; dois salões de banquetes (o Santos Dumont, no térreo, e o Panorama, no 6º andar), *solarium* no 7º andar; restaurante internacional e típico brasileiro [...] *room service* 24 horas por dia e *american bar*; galeria de arte.[17]

Há certos aspectos curiosos que vale ressaltar: numa das suítes – a que ficava diretamente na parte inferior da cúpula do prédio, no vão interno da abóbada – havia uma requintada tenda árabe. Essa suíte passou a ser muito solicitada por personalidades do mundo árabe em visita a São Paulo. Outro detalhe interessante foi a manutenção de um poço artesiano que fornece água para todas as dependências do hotel. Tombado pelo Patrimônio Histórico, o edifício conjuga elementos do *art nouveau* e do neoclássico. Dentro do estabelecimento foram conservados alguns componentes originais da época de sua construção: um elevador Atlas de ferro batido, caixa com vista externa e portas sanfonadas. Foi preservada também a escada de mármore branco italiano, que une o *rez-de-chaussée* com o primeiro andar. Foram restaurados os antigos lampiões da fachada do prédio e a porta principal, composta de duas unidades em ferro batido maciço.

Em 1973, após a inauguração do São Paulo Center Hotel, a convite do senhor René, francês, então gerente do hotel, meu pai visitou o lugar e levou-me consigo. Tinha por volta de 9 anos, mas a impressão que tive foi muito forte, inesquecível. O elevador com porta pantográfica, os jardins internos, o clima diferente, cinematográfico, a luz sobre os lambris de madeira, uma pequena queda-d'água sobre pedras que, segundo me disseram, eram naturais. Foi uma experiência marcante, uma viagem no tempo. Atualmente, no mesmo local do Hotel Regina e do São Paulo Center, funciona o Hotel São Paulo Inn, classificado com quatro estrelas, pertencente à Rede Nacional e Shelton Inn de Hotéis. Hoje, ao visitar esse hotel já modernizado, tenho a impressão de entrar em um fascinante túnel do tempo, retornando aos anos 1920.

---

[17] "No Largo de Santa Ifigenia, a 'Belle Époque' restaurada", em *Folha de S.Paulo*, 27-7-1973.

São Paulo progride 117

(ao lado)
Fachada do antigo Hotel Regina, atual Hotel São Paulo Inn. Acervo pessoal, 2013.

(abaixo)
Fachada do antigo Hotel Regina, atual Hotel São Paulo Inn. Detalhe da porta de entrada. Acervo pessoal.

Novos Hotéis entre 1923 e 1927

No *Guia Ascoli* de 1923, encontramos os seguintes anúncios:

- Hotel Fraccaroli – Em frente Estação da Luz.
  Commodissimo para todos os senhores Passageiros.
  Telephone 44642 [...]
- Hotel Londres – Este estabelecimento é um dos mais bem installados de São Paulo, por preços economicos acceitamos pensionistas – rua Brigadeiro Tobias 94 tel. 4090 – de Gomez Barreira & Comp.

Outras inaugurações de 1923 são informadas:

- Hotel Triângulo, rua Direita, 9/11, tel. 2237, proprietários Marzullo & Cia.
- Hotel Centenário, rua 24 de Maio, 67, tel. 5256.
- Hotel Nuova Italia Leon de Veneza, rua Conceição, 105, tel. 1033.

De 1924, quando foi inaugurado o Hotel Regina, até 1927, houve apenas duas inaugurações de interesse no ramo hoteleiro: o Grande Hotel Santa Helena, rua Pedro Lessa, 8, esquina com a rua Brigadeiro Tobias, telefone 40405; e o Hotel Paissandú, na avenida São João, 151, telefone 47037.

Em 1927 é aberto o Hotel Piratininga, no largo General Osório, 147. Posteriormente, o mesmo edifício abrigou o Hotel Flórida, até o final da década de 1990. Desde 2001, o prédio sedia a unidade Luz da Escola de Música do Estado de São Paulo – Tom Jobim e a administração da organização social Santa Marcelina Cultura. Bem em frente, estão a Sala São Paulo e a Estação Pinacoteca.

> *[...] São Paulo não é cinzento: São Paulo é vermelho.*
> *De um vermelho fôsco de tijôlo.*
> *A cidade que constróe uma casa de duas em duas horas,*
> *a cidade que se estende e se avoluma e sóbe,*
> *num record assombroso [...]*
> *Côr activa do trabalho, côr alegre de construção. [...]*
>
> "A côr de São Paulo", Guilherme de Almeida, 1928[18]

Hotel Britania, Hotel Central e Hotel Municipal

Já em 1928, ocorreram duas inaugurações, sem produzir, porém, grandes mudanças no panorama da hotelaria de São Paulo: o Hotel Central e o Hotel Britânia,[19] ambos na avenida São João, números 288 e 300, respectivamente, ocupando uma área

---

[18] Publicado na primeira edição da revista *O Cruzeiro*, 10-11-1928. Disponível em www.memoriaviva.com.br/ocruzeiro/. Acesso em 21-12-2012.

[19] http://www.piratininga.org/hotel_britania/hotel_britania.htm. Acesso em 30-9-2013.

São Paulo progride 119

(acima)
Vista parcial do centro de São Paulo; à esquerda, o canto do edifício dos Correios; ao centro, com destaque, o Mosteiro de São Bento. Cartão postal, *c.* 1920.

(ao lado)
Vista atual da região do Mosteiro de São Paulo e viaduto Santa Ifigênia. Acervo pessoal.

120 Imagens da hotelaria na cidade de São Paulo

(acima)
Praça do Correio e edifício dos Correios e Telégrafos. À esquerda, na avenida São João, o prédio dos hotéis Central e Britania, o Oscar Rodrigues e, por último, o do Hotel Municipal. Cartão-postal, *c.* 1925.

(ao lado)
Panorâmica atual da praça do Correio. Acervo pessoal.

São Paulo progride 121

(acima)
Vista lateral do Edifício dos Correios, seguida pelos edifícios dos antigos hotéis Central e Britania. Acervo pessoal.

(ao lado)
Fachada do Edifício dos Correios e Telégrafos. Foto: Fernando Salinas.

total de 2.800 m², e o Hotel Municipal, na mesma avenida, número 354, esquina com o largo do Paiçandu.

É interessante notar que, juntamente com o Hotel Municipal, cujo primeiro proprietário foi o Cotonifício Paulista S.A. – uma importante indústria têxtil da época –,[20] constituem um valioso conjunto arquitetônico representativo das décadas 1910-1920 de São Paulo não só o prédio dos Correios e Telégrafos, mas também o dos Hotéis Britania e Central (ambos desativados)[21] – cujos projetos arquitetônicos são do escritório de Ramos de Azevedo –, e, na sequência, mais alto que as edificações dos Correios e que as dos hotéis, o prédio Oscar Rodrigues,[22] em estilo Luís XVI, construído em 1928, por Monteiro, Heinsfurter e Rabinovitch, situado no número 324 da avenida São João.

O edifício ao lado dos Correios, projetado por Ramos de Azevedo e construído em 1918, funcionou como sede dos hotéis Central e Britania do início da década de 1920 até 2005, quando ambos encerraram suas atividades. Com quatro andares, além do térreo, o prédio foi reformado e, em 2009, utilizado como espaço cultural, com a exposição de obras de artistas plásticos nacionais e internacionais.[23]

Etiqueta de bagagem do Hotel Central, na avenida São João, década de 1940.

---

[20] http://www.piratininga.org/hotel_municipal/hotel_municipal.htm. Acesso em 30-9-2013.
[21] Conforme noticiado pela imprensa em 2011, o antigo Hotel Central foi adquirido em 2007 por 1,5 milhão de reais, e seria reformado pelo empresário angolano Mário Almeida, que após captar recursos pretendia recuperar o edifício e transformá-lo num hotel-butique, com 44 apartamentos e restaurante no topo. A inauguração estava prevista para o segundo semestre de 2012. Cf. João Batista Junior, "Angolano investe 11 milhões e meio no centro de São Paulo", em *Veja São Paulo*, 12-1-2011.
[22] http://www.piratininga.org/oscarrodrigues.htm. Acesso em 30-9-2013.
[23] O evento foi empreendido pela Red Bull House of Art. Cf. http://www.redbull.com.br/cs/Satellite/pt_BR/Article/Red-Bull-House-of-Art-abre-as-portas-hoje-na-021242791287010?p=1242758644010. Acesso em 10-1-2010.

São Paulo progride

Avenida São João, altura do largo Paiçandu, c. 1928. Na esquina, à esquerda, Hotel Municipal, então recentemente inaugurado; ao fundo e à direita, o Edifício Martinelli ainda em construção. No térreo do Hotel Municipal funcionava a Farmácia Romano. Cartão-postal das Edições Leonar, postado em 1929.

Vista da avenida São João e do largo Paiçandu, c. 1950. À esquerda, Hotel Municipal; ao centro, o edifício do antigo Banco do Estado de São Paulo; à direita, o Edifício Martinelli. Edições Foto Postal Colombo. Cartão postado em 1956.

(acima)
Vista da avenida São João, altura do largo Paiçandu, *c.* 1967. No térreo do Hotel Municipal funcionava o estabelecimento Ao seu Bar. Brasil Turístico, 201, Edições Mercator.

(ao lado)
Vista atual do prédio em que funcionou o Hotel Municipal, na avenida São João, altura do largo Paiçandu. Acervo pessoal.

(acima)
Vista noturna da avenida São João; à esquerda, luminoso do Hotel Britania. Cartão-postal, c. 1969. Edições Mercator, Série Brasil Turístico, 21.

(ao lado)
Vista atual do bloco de edifícios da avenida São João entre os números 354 e 288. Da direita para a esquerda, os antigos hotéis Central e Britania, edifício Oscar Rodrigues e antigo Hotel Municipal. Foto: Fernando Salinas.

Fachada do edifício Oscar Rodrigues, na avenida São João, 324. Foto: Fernando Salinas.

Fachada do antigo Hotel Britania. Foto: Fernando Salinas.

São Paulo progride 127

Antigo Hotel Central, avenida São João, 288. O edifício encontra-se ocupado por integrantes de movimentos sociais. Foto: Fernando Salinas.

Edifício do antigo Hotel Municipal ocupado por integrantes de movimentos sociais, vista a partir da avenida São João. Foto: Fernando Salinas.

Detalhe da fachada do edifício do antigo Hotel Municipal, construído pelo Cotonifício Paulista S.A. Foto: Fernando Salinas.

Apesar da degradação da região central, esses hotéis conseguiram sobreviver por décadas, como mostram os cartões-postais do fim da década de 1960.

Alguns hotéis inaugurados entre 1928 e 1931

Registra-se, ainda em 1928, a abertura do Reinales Plaza Hotel, na alameda Barão de Limeira, 145, ainda em funcionamento, com seus 75 apartamentos.

Em 1929, dois novos estabelecimentos hoteleiros iniciaram suas atividades: o Hotel Avenida, avenida São João, 151, telefone 47037; e o Grande Hotel Faria, rua Brigadeiro Tobias, 114, telefone 45674.

Em 1930, é aberto o Hotel Arouche Splendid, no largo do Arouche, 76, telefone 44260 e, no ano seguinte, outro estabelecimento de luxo, o Grande Hotel Aliança, na rua General Osório, 61, esquina com a rua Santa Ifigênia.

A partir de 1930, a cidade passa a uma nova fase de reformas, que foram, no entanto, interrompidas em 1932, devido a todos os esforços e investimentos terem se voltado para o movimento constitucionalista contra o governo Vargas. Em guerra, o governo de São Paulo lança campanhas de arrecadação de fundos para a manutenção das tropas no fronte, sendo a mais conhecida a do "Ouro para o bem de São Paulo". Embora derrotada no confronto armado, a Revolução de 1932 expôs ao país a necessidade de se realizar uma profunda discussão sobre o regime de governo. Em consequência, a 16 de junho de 1934, é promulgada uma nova Constituição pela Assembleia Nacional Constituinte, convocada pelo governo Provisório da Revolução de 1930, a qual estabelecia "um regime democrático, que assegure à Nação a unidade, a liberdade, a justiça e o bem-estar social e econômico".[24]

Em 1933, projetado pelo engenheiro Xavier de Toledo, ergue-se o Mercado Central, com seus vitrais vindos especialmente da Alemanha. No ano seguinte, é instituída, pelo Decreto nº 6.283/34, a criação da Universidade de São Paulo (USP), o que impulsiona a formação e o desenvolvimento técnico, científico e cultural determinante para a cidade.

Mais tarde, durante a prefeitura de Fábio Prado (1935-1938), têm início as obras para a construção da avenida Nove de Julho e da avenida Ibirapuera, além do novo viaduto do Chá e do viaduto Major Quedinho. Durante a gestão do engenheiro Francisco Prestes Maia como prefeito (1938-1945), construíram-se novos empreendimentos e houve grandes reformas urbanas, como a ampliação da rua Vieira de Carvalho e da avenida São Luís, e a implantação de um novo sistema de iluminação de ruas.

Legislação sobre implantação de hotéis

A Lei nº 3.427, de 19 de novembro de 1929, Código de Obras Arthur Saboya, em sua Parte Segunda, Das construções para fins especiais, item XV – Hotéis e casas de pensão, firmada pelo então prefeito do município de São Paulo, José Pires do Rio, regulamenta, entre outros aspectos urbanísticos, a edificação e funcionamento de estabelecimentos destinados à hospedagem:

> Art. 470 – Nos hoteis, haverá, na proporção de um para cada grupo de vinte hopedes, gabinetes sanitarios e installaçoes para banhos quentes e frios, devidamente separados para um e outro sexo.
> Paragrapho unico – Nos hoteis de classe, todos os aposentos destinaos á habitação nocturna deverão ser providos de lavatórios com agua corrente.
> Art. 471 – Nos hoteis e casas de pensão, o revestimento das paredes da cozinha será feito com ladrilho branco vidrado, ou material congenere.
> Art. 472 – Nos hoteis e casas de pensão, não só os banheiros e as latrinas como as copas terão o piso revestido de ladrilho ceramico e as paredes, até á altura de um metro e cincoenta centimetros , de ladrilho branco ou material congenere. [...] [25]

Embora polêmico e muito criticado na época, o Código de Obras Arthur Saboya levantou preocupações importantes quanto à segurança, higiene e saúde, circulação, organização e caracterização dos espaços urbanos.

---

[24] Preâmbulo da Constituição da República dos Estados Unidos do Brasil, de 16 de julho de 1934. Disponível em http://www.planalto.gov.br/ccivil_03/constituicao/constitui%C3%A7ao34.htm. Acesso em 31-12-2011.

[25] Lei nº 3.427, de 19 de novembro de 1929, Código de Obras Arthur Saboya.

Hotel S. Bento, no Martinelli

A felicidade anda a pé

"Aperitivo", Oswald de Andrade (1974: 126)

O Edifício Martinelli, primeiro arranha-céu de São Paulo (e da América do Sul), começou a ser construído em 1922, idealizado pelo comendador Giuseppe Martinelli, grande comerciante e importador italiano. Projetado pelo húngaro William Fillinger, teve os detalhes da fachada desenhados pelos irmãos Lacombe (que posteriormente projetaram a entrada do túnel da avenida Nove de Julho). Ainda durante a construção, quando o prédio atingiu 24 andares, a obra foi embargada, sendo retomada apenas mediante juízo em tribunal, quando uma comissão técnica assegurou que o edifício era seguro até 25 andares. Como o objetivo do comendador era chegar ao 30º andar, decidiu construir outros cinco andares no topo do edifício, para servi-lhe de residência.

Contudo, entre 1924 e 1929, era o Edifício Sampaio Moreira, localizado na rua Líbero Badaró, números 344 a 350, que ocupava lugar de destaque na paisagem da capital, como o edifício mais alto da cidade: projetado por Christiano Stockler e Samuel das Neves, o prédio tinha 12 pavimentos e 50 metros de altura.

Assim, como demonstração de superação, em 1929, com a presença do príncipe de Gales,[26] foi inaugurado (ainda só com doze andares) o Edifício Martinelli, que "representava o enriquecimento da colônia italiana".[27] O Martinelli, concluído apenas em 1934, tem 105 m de altura, 2.133 janelas, onze elevadores e trinta andares revestidos externamente por uma massa em três tons diferentes de cor-de-rosa, constituída de vidro moído, cristal de rocha, areias muito puras e pó de mica, que produziam um efeito cintilante durante a noite. O edifício possui três entradas: pela rua São Bento, 405, rua Líbero Badaró, 504, e avenida São João, 35.

No Martinelli, em 1931, instalou-se o Hotel S. Bento, telefone 23166, que ocupava vários andares da parte do prédio onde estava instalado o suntuoso cine Rosário, contando com sessenta apartamentos de luxo (banheiros privativos e telefones automáticos, movidos a disco para envio de sinalização). O Hotel São Bento permaneceu em funcionamento até 1959 (Homem, 1984: 87).

Além do hotel, funcionavam no prédio sedes de partidos políticos, escritórios dos clubes Palmeiras e Portuguesa, a famosa escola de danças de Arturo Patrizi (esse que foi também o primeiro morador do prédio), restaurantes, confeitarias

---

[26] Em 1936 tornou-se rei Eduardo VIII, da Inglaterra, tendo abdicado no mesmo ano.

[27] Revista *Nosso Século*, Anos de Transição, A era Vargas, 1930-45 (I). São Paulo: Abril Cultural, 1980, p. 120.

e boates. O Martinelli dividia-se em três partes: a entrada da rua Líbero Badaró destinava-se à ala residencial; na rua São Bento estava a ala comercial e a entrada pela avenida São João destinava-se ao Hotel São Bento e aos dois salões de festas, o Verde e o Mourisco, onde se realizavam chás e reuniões dançantes. O Martinelli era um ponto turístico imperdível para qualquer visitante.

O destino do Martinelli

A quebra da bolsa de Nova York, em 1929, afetou os negócios do comendador Martinelli, que contraiu dívidas para ver seu empreendimento finalizado. A solução foi a venda do prédio para o Instituto Nazionale di Credito per il Lavoro Italiano all'Estero (ICLE). Posteriormente, em 28 de janeiro de 1942, quando o Brasil rompeu relações diplomáticas com os países do Eixo, em represália aos navios brasileiros supostamente afundados por submarinos alemães e italianos, e ingressou na Segunda Guerra Mundial, o governo confiscou todos os bens italianos no Brasil, entre eles o edifício Martinelli, que passou às mãos do governo federal e depois foi leiloado. Adquirido por 103 proprietários diferentes, tornou-se o primeiro condomínio do Brasil. Devido à falta de organização e controle, entrou em decadência na década de 1960, passando, inclusive, a figurar nas páginas do noticiário policial. Sem contar com serviços básicos de manutenção, suas instalações deterioram-se, os corredores encheram-se de lixo. Entretanto, durante o governo do prefeito Olavo Setúbal (1975-1979), o prédio foi recuperado, sendo reaberto em 1979. Hoje é possível fazer visitas agendadas ao edifício para conhecer este marco da história de São Paulo.[28]

Durante a Revolução Constitucionalista de 1932, o terraço superior do edifício cedeu seu espaço a uma bateria de metralhadoras antiaéreas para defender a cidade contra o ataque dos "vermelhinhos", como eram chamados os aviões destacados pelo governo central.

No dia 11 de maio de 1933, o dirigível Graf Zeppelin circulou ao redor do edifício Martinelli, na altura do 17º andar, marcando a última visita de dirigíveis ao Brasil, pois, no ano seguinte, o acidente sofrido pelo dirigível Hindenburg determinou o fim das atividades desse tipo de meio de transporte. Por onde passava, o Zeppelin causava grande alvoroço:

---

[28] "A história de Martinelli, o imigrante que sonhou subir aos céus". Disponível em http://www.prefeitura. sp.gov.br/cidade/secretarias/habitacao/noticias/?p=4230. Acesso em 30-12-2011.

(acima)
Vista do Parque do Anhangabaú; ao fundo e ao centro, o Edifício Martinelli; à direita, Palacete Prates. Cartão-postal, sépia, c. 1930.

(ao lado)
Etiqueta de bagagem do Hotel S. Bento, no Edifício Martinelli, "o maior edifício da América do Sul"; início dos anos 1940.

Edifício Martinelli sendo sobrevoado pelo Graf Zeppelin, em 11 de maio de 1933. Cartão-postal, sépia.

São Paulo ganhara um presente novo!
– Lá vae elle! Lá vae elle!...
Cinzendo [sic], majestoso, impassível, deslizando no espaço, com uma suavidade inegualavel, tão baixinho que parecia iria se enroscar no Martinelli, elle lá se vae mesmo. "Zeppelin". L-Z-127.
– Por causa do nevoeiro, elle não pôde descer no Rio de Janeiro, e, por isso, veiu visitar S. Paulo, para fazer hora.
Bemdito nevoeiro![29]

A hegemonia do Martinelli sobre a paisagem paulistana foi superada somente em 1947, com a conclusão das obras do Edifício Altino Arantes, popularmente conhecido como Edifício do Banespa, projetado por Plínio Botelho do Amaral e adaptado pela construtora Camargo & Mesquita a fim de que, com seus 161 metros de altura, se assemelhasse ao Empire State Building de Nova York.

---

[29] "A capital paulista recebeu, na manhã linda de hontem, a visita inesperada do 'Graf Zeppelin'". Em *Folha da Manhã*, ano VIII, nº 2.692, 12-5-1933, p. 1. Disponível em http://acervo.folha.com.br/fdm/1933/05/12/2. Acesso em 30-12-2011.

(ao lado)
Cartão-postal colorizado, *c.* 1945. São Paulo, Vale do Anhangabaú. Ao fundo, à esquerda, o Edifício Martinelli; ao centro, o Edifício Altino Arantes; à direita, o Edifício Sampaio Moreira e, à frente, o Palacete Prates.

(abaixo, à esquerda)
O postal traz no verso o seguinte texto: "Edifício Martinelli, inaugurado em 1929 e com 30 andares, foi durante muitos anos o edifício mais alto da cidade. Abriga em sua cobertura o Museu da Cidade". *Postais do Brasil.* Brasil Turístico. 95. São Paulo – SP. Foto: Sérgio O. Rehder. Edições Brascard.

(abaixo, à direita)
Vista, a partir da praça do Correio, do Edifício Altino Arantes, ao fundo e, à sua direita, do Edifício Martinelli. Acervo pessoal.

São Paulo progride 135

(acima, à esquerda)
Entrada do Edifício Martinelli, pela rua São Bento. Acervo pessoal, 2013.

(acima, à direita)
Detalhes da fachada do Martinelli, a partir do terraço, no topo do edifício. Acervo pessoal.

(ao lado)
Vista do terraço no topo do edifício Martinelli, no 26º andar, que integrava a cobertura onde residia Giuseppe Martinelli, chamada a "Casa do Comendador". À esquerda, o edifício Altino Arantes. Acervo pessoal.

Inaugurações entre 1933 e 1937

A cidade de São Paulo é o monumento cyclopico erigido pelo vigoroso braço bandeirante – o braço semeador de cidades. Visital-a é descortinar um panorama maravilhoso de trabalho e de civilização. A urbs tentacular se expande em todos os sentidos, estuando de vida, febril de movimento, opalenta de commercio. Todos os encantos gentis das villegiaturas se encontram na seductora capital paulista: clima privilegiado do altiplano, sports, diversões, etc.

Visite S. Paulo todas as vezes que puder.[30]

Em 1933, é inaugurado o Hotel Astoria, na rua Antônio de Godoy, 24, telefone 42723. Um cartão promocional destaca: "Telefone e água corrente em todos os quartos", o que indica que esse hotel provavelmente possuía banheiros privativos em todos os apartamentos, um diferencial na época.

No mesmo ano é inaugurado o Palace Hotel, na rua Florêncio de Abreu, 96, telefone 27167. Como mostra o impresso a seguir, além do telefone, também a numeração da rua foi alterada mais tarde.

Outro estabelecimento inaugurado na mesma época na região central, o Grande Hotel Familiar, como o próprio nome pretendia indicar, oferecia conforto, higiene e tranquilidade no centro da cidade. O edifício ainda existe e seus baixos são ocupados por comércio popular.

---

[30] Extraído de anúncio para incentivo ao turismo na capital paulista, publicado em *A Cigarra*, São Paulo, ano XXI, julho/1935, nº 16, p. 73. Disponível em: http://www.arquivoestado.sp.gov.br/upload/pdfs/CI19350716.pdf.

São Paulo progride

Cartão promocional do Hotel Astoria, *c.* 1935.

Etiqueta de bagagem do Palace Hotel, *c.* 1950.

Cartão de identificação de hóspede do Grande Hotel Familiar, *c.* 1940. Os destaques: a higiene, o conforto e o sossego, num estabelecimento familiar.

A Pauliceia cosmopolita

O Brasil vai à Guerra

> O Brasil, em Face dos Atentados Contra sua Soberania,
> Reconhece o Estado de Guerra com a Itália e Alemanha.[1]

Inicialmente neutro, o Brasil reage ao bombardeio de embarcações por parte dos países do Eixo, como estampa a manchete do jornal paulistano *Folha da Manhã*. Em agosto de 1942, o governo brasileiro, presidido então por Getúlio Vargas, declara guerra, enviando posteriormente, em 1944, tropas para a Itália.

O Brasil colaborou com os Aliados de diversas formas: forneceu alimentos e matérias-primas, auxiliou no patrulhamento do Atlântico, implantou uma base militar norte-americana em Natal, no Rio Grande do Norte, e enviou aproximadamente 25 mil soldados da Força Expedicionária Brasileira (FEB) e da Força Aérea Brasileira (FAB) para o fronte, na conhecida ação na Campanha da Itália, derrotando o exército alemão em Massarosa, Carmaiore, Monte Prano, Montese, Monte Castelo, Castelnuovo e Turim, entre 1944 e 1945.

Plano de Avenidas

Elaborado por Francisco Prestes Maia (1896-1965) e Ulhôa Cintra, foi publicado em 1930 o "Plano de Avenidas", que redesenhou o centro da cidade de São Paulo, com o intuito de construir avenidas que facilitassem o fluxo de pessoas e o trânsito de veículos. O sistema de circulação proposto combina avenidas e "anéis de irradiação". Para isso, houve o alargamento de antigas ruas ou, ainda, a criação de outras, que formam uma sequência: as atuais avenidas Ipiranga e São Luís; os viadutos Nove de Julho, Jacareí e dona Paulina; a praça João Mendes e a praça Clóvis Bequilácqua; seguem-se o Parque D. Pedro, a avenida Senador Queirós e o retorno à avenida Ipiranga. Outro anel viário foi configurado pela avenida Duque de Caxias e rua Amaral Gurgel. O sistema de avenidas radiais é aquele em que uma das vias (avenida Tiradentes) sairia da região norte, atravessaria o Vale do Anhangabaú e

---

[1] Extraído de manchete do jornal *Folha da Manhã* de 23-8-1942. Disponível em http://acervo.folha.com.br/fdm/1942/08/23/2.

Catedral da Sé em construção; à esquerda, o palacete Santa Helena. Cartão-postal da década de 1940. A nova Catedral foi inaugurada em 25 de janeiro de 1954, ainda inacabada.

seguiria para a região sul, bifurcando-se em forma de "Y", nas avenidas Nove de Julho e Vinte e Três de Maio.[2]

Por sua vez, em 18 de abril de 1938, começou a derrubada do velho Viaduto do Chá para dar lugar a outro novo, mais resistente, que pudesse suportar o grande movimento diário.[3]

Etiquetas de bagagem

As primeiras etiquetas de bagagem surgiram por volta de 1880, quando viajantes recortavam papéis timbrados, logotipos e envelopes de hotéis para marcar a bagagem, fosse com intenção decorativa, identificadora ou ainda para mostrar os locais onde já haviam estado, dando a si próprios o *status* de "turistas". O hábito, iniciado

---

[2] Roberto Pompeu de Toledo, "Conheça a importância de Prestes Maia para a cidade". Em *Veja São Paulo*, nº 2188, 27-10-2010. Disponível em http://vejasp.abril.com.br/revista/edicao-2188/veja-sao-paulo-25--anos-prestes-maia. Acesso em 31-12-2011.
[3] Raimundo de Meneses, "O grande empreendimento de Jules Martin, a construção do Viaduto do Chá". Em *Folha da Manhã*, 20-9-1953, p. 5. Caderno Assuntos Gerais.

na Riviera francesa, difundiu-se pelo mundo e os hotéis passaram a investir nesse tipo de material como forma de publicidade.[4]

Com o aprimoramento das artes gráficas, as etiquetas ganharam em estilo e qualidade de impressão, sendo encontradas em todos os continentes. Em São Paulo, as etiquetas começam a ser popularizadas na década de 1940, porém não há dados precisos a respeito.

Os hotéis que dispunham de recursos para investimento em publicidade ofereciam aos seus hóspedes, como recordação e, ao mesmo tempo, ação de *marketing*, tanto etiquetas de bagagem como cartões-postais, divulgando seu nome nos pontos mais longínquos do planeta. Diversos hotéis que não dispunham de muito capital optaram por imprimir apenas etiquetas de bagagem, uma forma agradável e mais barata de anunciar o nome do estabelecimento.

Do ponto de vista do profissional da hotelaria, a etiqueta de bagagem tem a função objetiva de registrar e controlar as bagagens dos hóspedes, como se lê no *Guia do mensageiro*, do Sebrae:

> A maioria dos estabelecimentos possui o que chamamos de "etiqueta ou ticket de bagagem" (é uma etiqueta com duas partes destacáveis, onde se anota o nome e o apartamento do hóspede. Ela possui um número de controle nas duas partes. Uma das partes é destacada e entregue ao hóspede, para que ele tenha o controle de sua bagagem). Se ela não existir em seu estabelecimento, verifique com a gerência qual é o método de controle utilizado. Se não houver nenhum, sugira este, assim vocês terão maior segurança sobre as bagagens e volumes dos hóspedes.
> – A etiqueta de bagagem deve ser colocada em todos os volumes.
> – Assim que o hóspede receber a chave do apartamento do recepcionista, ele já poderá lhe dar a informação para que você registre o apartamento dele nas duas vias da etiqueta de bagagem. Na parte da etiqueta que fica na bagagem, você deve registrar o número do apartamento e o número de volumes.
> – Você vai destacar uma via, chamada de "canhoto" e vai entregá-la ao hóspede.
> – Ao chegar ao apartamento do hóspede para efetuar a entrega, caso não haja campainha, bata na porta.[5]

Considerando a definição técnica, diferenciaremos a "etiqueta de bagagem" da "etiqueta de identificação de bagagem", sendo a primeira mais decorativa, enquanto a segunda serve para identificar a bagagem do hóspede dentro do hotel, incluindo, em geral, o nome do hóspede e o número do apartamento.

---

[4] Douglas Nascimento, "A história das etiquetas de bagagem de São Paulo". Disponível em http://www.saopauloantiga.com.br/a-historia-das-etiquetas-de-bagagens-dos-hoteis-de-sao-paulo/. Acesso em 23-8-2013.

[5] *Guia do Mensageiro*, Bem receber. Qualidade profissional & gestão sustentável, p. 60. Sebrae, Ministério do Turismo e Instituto de Hospitalidade. Disponível em http://www.biblioteca.sebrae.com.br/bds/bds.nsf/2FABED494CE83D7E832573130071C364/$File/NT00035D92.pdf/. Acesso em 23-8-2013.

A Cinelândia paulista

A instalação da primeira sala de cinema de exibição regular em São Paulo ocorreu em 1907, com o Bijou Palace, de propriedade de Francisco Serrador. Nos anos 1920, os cinemas começam a despontar na cidade – em geral, com instalações reformadas a partir de teatros, pistas de patinação e galpões –, os quais são muito apreciados pela população. Em 1927, São Paulo se torna a primeira cidade da América do Sul a trazer o cinema sonoro (*talkies*, isto é, filmes falados), por intermédio do empresário J. Quadros, que inaugura o Cine Paramount, na avenida Brigadeiro Luis Antonio, ganhando fama por sua qualidade e luxo nas instalações.

Outra inauguração ocorrida em 1929 marca a cidade, a do Cine Rosário, no Edifício Martinelli. Segundo o crítico Rubens Biáfora, "nunca houve um cinema igual na cidade. Revestido em mármore de Carrara, decorado com pó de ouro, cabeças de animais em bronze, leões em tamanho natural formando o braço do sofá em couro legítimo, cristais, lustres tchecos caríssimos, foi dos primeiros a ter poltronas estofadas" (Biáfora *apud* Simões, 1990: 18-19). Ir ao cinema passa a ser um passeio que atrai cada vez mais um número significativo de pessoas, que circulam pela região central, onde também se concentram cafés, confeitarias, leiterias, casas de chá, teatros, museus, a Biblioteca Municipal, emissoras de rádio, jornais e lojas.

Cartão-postal da avenida São João, vista da esquina com a rua Aurora, tendo à direita o Cine Metro, inaugurado em 1938. A montagem feita traz desenhados, ao fundo, o Edifício Altino Arantes, conhecido como Banespa (construído entre 1939 e 1947) e o Martinelli.

O Ufa-Palace, na avenida São João em frente ao largo do Paiçandu, projetado por Rino Levi e concluído em outubro de 1936, proporcionava 3.119 assentos, entre plateia e balcão; oferecia uma sala com acústica, iluminação, ventilação, acesso e qualidade de projeção admiráveis. Com o advento da Segunda Guerra Mundial, o Ufa, que era de capital alemão, passa a ser o Art-Palácio.

Embora novas e amplas salas sejam instaladas nos bairros, é a avenida São João e adjacências a área que concentra empreendimentos de grande porte (Art-Palácio, Avenida, Ópera, Broadway, Ritz, Ipiranga, Marabá, Bandeirantes, Paratodos e Metro, entre outros), que impressionam pela opulência e dimensões.

Nesse contexto, a "Cinelândia paulistana" atrai investimentos hoteleiros, com a construção de edifícios projetados para receber, no térreo, grandes salas de cinema, e no alto, instalações de hotéis de luxo.

O Conpresp (Conselho Municipal de Preservação do Patrimônio Histórico, Cultural e Ambiental da Cidade de São Paulo) tombou, por seu valor histórico e arquitetônico, os edifícios dos antigos cinemas Art-Palácio, Dom José, Ipiranga, Marabá, Marrocos, Metrópole e Paissandu.[6]

Plaza Hotel, edifício com linhas modernistas

Em 1937, entra em funcionamento o Plaza Hotel, na avenida São João, 407, telefone 49101, em frente ao largo do Paiçandu, em um conjunto arquitetônico de seis andares, projetado por Rino Levy, que representou uma grande novidade para a época, por ter linhas modernistas. O hotel ocupava os andares superiores do edifício onde funcionava o Cine Ufa-Palace, posteriormente Cine Art-Palácio, uma das principais salas de cinema de São Paulo, com capacidade de 3.119 lugares. O edifício passou por reformas que descaracterizaram o conjunto original, mas o Plaza Hotel continua em atividade até hoje.

A Secretaria Municipal de Cultura de São Paulo pretende recuperar o edifício, transformando a antiga sala de cinema num auditório, dada a sua proximidade com a Praça das Artes.

Hotel Cinelândia e, a seguir, Cineasta

Em 1940, a Horsa, rede hoteleira do empresário José Tjurs, inaugura seu primeiro estabelecimento paulistano – o Hotel Cinelândia, avenida São João, 613, telefone 45121, na esquina das avenidas Ipiranga e São João.

---

6 Conpresp, Resolução nº 37/92. Disponível em http://www.prefeitura.sp.gov.br/cidade/upload/d475b_37_T_Vale_do_Anhangabau.pdf. Site s/ acesso. Acesso em 4-10-2013.

Vista do edifício projetado por Rino Levy, concluído em 1936, cujo espaço térreo foi ocupado pelo Cine Art-Palácio, já fechado. No edifício ainda funciona o Plaza Hotel. À sua direita, foi inaugurado em 1963 o Shopping Grandes Galerias, hoje conhecido como Galeria do Rock.

O edifício escolhido por Tjurs foi o antigo Palacete Antonio Caldeira, erguido em 1920 para uso residencial, com 22 apartamentos e comprado, na década de 1930, pelo conde Rodolpho Crespi, que alterou seu nome para Palacete Santa Cruz. A exemplo, portanto, do que ocorrera com o palacete onde se instalara o Hotel Municipal, que também pertencera anteriormente ao Cotonifício Paulista, do conde Crespi, o prédio do Palacete Santa Cruz troca de mãos: Tjurs adquire o imóvel, reforma-o e o renomeia como Palacete Cinelândia; posteriormente, o edifício será outra vez rebatizado, passando a se chamar Hotel Cineasta.

O destino do Cinelândia/Cineasta

O Hotel Cineasta continuou em atividade até o ano 2000, quando fechou suas portas. No início de 2011, a Prefeitura de São Paulo adquiriu o imóvel do antigo hotel por R$ 4,2 milhões, com recursos do programa Renova Centro, que visa à desapropriação e reforma de outros 53 prédios abandonados no centro da cidade para torná-los moradias populares. Cada um dos noventa apartamentos do antigo hotel será reformado e, em parceria com o sindicato de atores, o prédio será convertido no Palacete dos Artistas, espaço destinado à moradia de artistas aposentados (Zonta, 2010).

A reforma do edifício teve início em março de 2012, com previsão de término das obras em doze meses.[7]

Vale dizer que esse hotel foi utilizado como locação para a filmagem de um curta-metragem (14 minutos) intitulado *Portas da Cidade*,[8] de Alexandre Carvalho e Cauê Ueda. O enredo conta a história de Reynaldo da Silva Carvalho, avô de Alexandre, que começou a trabalhar como porteiro no Hotel Cinelândia, em 1943, aos 19 anos, testemunhando a fase de ouro não só do hotel, mas também da região central da cidade, onde circulavam personalidades da política e das artes. Nele, há depoimentos de artistas, como Vida Alves, bem como do biografado, que cita, como clientes da casa, Dercy Gonçalves, Oscarito e o governador Adhemar de Barros.

City Hotel

Em 1940, em um edifício de linhas modernas, foi inaugurado o City Hotel, na rua Brigadeiro Tobias, 721, telefone 34-4101. Em seus primeiros anos, o estabelecimento gozou de prestígio graças à categoria dos serviços que oferecia, como o de bar e o do restaurante. Mesmo sem o encanto inicial, continuou em atividade até ser demolido para dar lugar às obras da linha amarela do metrô, em 2006.

Hotel Alvear, depois Marian Palace Hotel

Em 1942, é inaugurado o Hotel Alvear, na avenida Cásper Líbero, 65. Construído em estilo *art déco* pelo engenheiro-arquiteto Archimedes de Barros Pimentel, segundo o projeto do austríaco Enrico Brand, o edifício, propriedade de Germaine Lucie Burchard,[9] recebeu o Prêmio Nacional de Arquitetura de 1942 e foi considerado o mais belo prédio construído em São Paulo em 1941-1942.[10] A partir de 1961, passou a contar, no piso térreo, com o restaurante Rose Room, sob a responsabilidade do *chef* Carlo Ferrari, um dos melhores de São Paulo.

---

[7] http://www.diariosp.com.br/noticia/detalhe/31397/Hotel+e+reformado+para+abrigar+artistas+idosos. Acesso em 19-12-2012.

[8] Ver *site* oficial do curta-metragem *Portas da Cidade*: http://www.tamago.at/hotsite/portasdacidade/home. htm. Acesso em 1-1-201.

[9] Germaine Lucie Burchard, princesa de Sangusko e condessa de Gontaut-Biron, era uma brasileira rica que morava em Paris e construiu o prédio como, talvez, o primeiro flat erguido no Brasil, para famílias ricas do interior que não queriam manter casas custosas na cidade. Ela reservou a cobertura para si mesma, para suas estadias em São Paulo.

[10] Fischer (2005, p. 231).

146 Imagens da hotelaria na cidade de São Paulo

(ao lado)
Hotel Alvear, *c.* 1959. Editado por Foto Postal Colombo. A partir de 1989, teve seu nome mudado para Marian Palace Hotel.

(abaixo, à esquerda)
Etiqueta de bagagem do Hotel Alvear, *c.* 1945.

(abaixo, à direita)
Hotel Marian Palace Hotel, antigo Alvear, em 1987. Foto de Pedro H. V. Góngora.

No final da década de 1980, o Hotel Alvear muda de proprietários e começa a operar com o nome de Marian Palace Hotel, fazendo o estilo "hotel de época".

Esse edifício de 82 apartamentos, tombado pelo Conselho de Defesa do Patrimônio Histórico, Arqueológico, Artístico e Turístico (Condephaat), foi reformado, tendo como arquiteto responsável Arnold Pierre (Zonta, 2010), que, além de recuperar seu interior, devolveu os frisos cor-de-rosa originais à sua fachada.

Hotel Excelsior

Em conjunto tombado em 2010 pelo Condephaat, cujo projeto é do arquiteto Rino Levi, o Hotel Excelsior, do grupo Horsa, iniciou suas atividades em 1943, na avenida Ipiranga, 770, telefone 35-5141. Nesses anos iniciais foi um estabelecimento de alto luxo e serviços de destaque. Ganhou fama sua boate, uma das mais animadas da noite paulistana, no *roof* (nome que então davam ao andar da cobertura), que, ao ser fechada no final da década de 1950, deu lugar ao restaurante panorâmico, que talvez tenha inaugurado a moda dos bufês de alto luxo em São Paulo, servindo o famoso *smörgasboard* escandinavo – uma mesa imensa, repleta de tudo que podia haver de especial e finíssimo em comidas, em que, tendo sido feito pelo cliente o prato escolhido, este era levado à mesa por um garçom impecavelmente vestido a rigor. Um anúncio da época dizia:

> O melhor hotel e o melhor restaurante de São Paulo. Das janelas do Restaurante, no 23º andar, descortina-se a mais bonita vista sobre a Capital.

Sua localização privilegiada (de frente para a praça da República, muito próximo à avenida São João e à rua Barão de Itapetininga) e suas instalações fizeram com que, durante as décadas de 1940 e 1950, tivesse uma clientela refinada. No entanto, a degradação do entorno, especialmente na década de 1980, fez com que o estabelecimento também buscasse alternativas, renovando suas dependências.

Ainda em funcionamento, o texto do *site* do Hotel Excelsior anuncia:

> Localizado próximo a tudo que São Paulo tem de melhor, o Hotel Excelsior, dentro do mais puro estilo "art déco", vem se destacando como um dos melhores quatro estrelas da cidade pelo seu requinte, conforto e padrão de serviços, além da facilidade de acesso às principais avenidas, estações do Metrô, aeroportos, teatros, restaurantes e casas de espetáculos.
> A infraestrutura do hotel conta com 183 apartamentos, 10 suítes e 2 apartamentos para deficientes físicos, todos com ar condicionado quente e frio, música ambiente, TV a cabo, minibar, sistema telefônico computadorizado com discagem direta nacional e internacional e linha de entrada de fax e computador. O Hotel Excelsior oferece

148 Imagens da hotelaria na cidade de São Paulo

(ao lado)
Cartão-postal do Hotel Excelsior, *c.* 1954, editado por Foto Postal Colombo. No térreo, funcionava o Cine Ipiranga.

(abaixo, à esquerda)
Etiqueta de bagagem do Hotel Excelsior, década de 1950.

(abaixo, à direita)
Cartão-postal da avenida Ipiranga destacando o Hotel Excelsior, *c.* 1950. No fundo e à direita, vê-se a igreja da Consolação. Editado por Fotolabor. Postado em 1954.

também uma perfeita infraestrutura para realização simultânea de diferentes eventos, contando com 6 salas de convenções com capacidade total para 800 pessoas e uma equipe exclusiva para organização e acompanhamento de cada evento.[11]

Hotel São Paulo

O ano de 1947 marca o início das atividades da rede Othon em São Paulo. Nesse ano, a rede inaugura o Hotel São Paulo, na praça da Bandeira, 11, telefone 2-6111. Considerado um hotel de luxo – chegou a receber Charles de Gaulle, quando presidente da França –, sua categoria foi sendo reduzida à medida que o centro urbano se deteriorava. Com o início da construção do metrô, por volta de 1974-1975, seu funcionamento tornou-se praticamente inviável, vendo-se obrigado a encerrar as suas atividades em 1978.

O mobiliário do hotel era em estilo colonial, com lustres e tapetes requintados, distribuídos cuidadosamente pelos 176 apartamentos oferecidos aos hóspedes. Nem todo o luxo da decoração e o conforto das instalações resistiram à poeira, ao barulho, ao intenso tráfego e à poluição, fatores determinantes para a degradação da região central da cidade no início da década de 1980.

O edifício permaneceu desativado por algum tempo, até que, em 1988, a sede do antigo hotel foi adquirida por um grupo, cujo sócio majoritário era o Grande Hotel Ca'd'Oro, sendo então submetido a uma reforma completa.

Etiqueta de bagagem do Hotel São Paulo, c. 1950.

---
[11] http://www.hotelexcelsiorsp.com.br/. Acesso em 25-9-2013.

O destino do São Paulo

Em novembro de 1999, o prédio foi ocupado por mais de 200 pessoas que moraram lá por dois meses, até ser cumprida uma ordem judicial de reintegração de posse.

O Programa de Arrendamento da Prefeitura foi então acionado e, depois de muitas negociações, foi feita uma reforma, custeada pela Caixa Econômica Federal (cerca de R$ 4,6 milhões), que, em 2007, entregou os 152 apartamentos (ocupando 19 dos 23 andares) resultantes aos seus atuais moradores.

> Na época da reforma, o projeto foi criticado. Argumentava-se que os novos moradores não teriam como pagar o condomínio, o que resultaria em uma rápida degradação. Hoje o Hotel São Paulo é um modelo para esse tipo de iniciativa. Cada família paga de R$ 350 a R$500, somando a prestação do apartamento com o condomínio, e o índice de inadimplência é muito baixo.[12]

(abaixo, à esquerda) Cartão-postal do Hotel São Paulo, em 1950, com desenho a bico de pena de Jan Eckshmidt.

(abaixo, à direita) Cartão-postal da praça da Bandeira, destacando o Hotel São Paulo, 1951. Na imagem ainda é possível ver o velho sobrado do padre Paschoal Ganizeu (falecido na Revolução de 1924). Entre o hotel e o sobrado, a rua São Francisco (antiga rua do Convento) e, à esquerda do sobrado, a rua José Bonifácio. Foto Postal Colombo, 1951.

---

[12] Luiz Felipe Orlando "Centro ocupado, centro saudável", em *Época*, São Paulo, 30-8-2010. Disponível em http://colunas.epocasp.globo.com/centroavante/tag/hotel-sao-paulo/.

A Pauliceia cosmopolita   151

Cartão-postal do Vale do Anhangabaú na década de 1960, editado por Italbras, tendo ao centro a praça da Bandeira; à esquerda, o Hotel São Paulo; e, à direita, o Edifício Brasilar, construído na década de 1940, para o Banco Hipotecário Lar-Brasileiro. Postado em 1965. Em 2 de maio de 1959, era assinado o contrato de aquisição da Gulf Oil Corporation no Brasil. Nascia a Companhia Brasileira de Petróleo Ipiranga: o anúncio no alto do Brasilar, antes da Gulf, passa a ser da Ipiranga.

A proibição dos cassinos

Em 1946, o então presidente da República, general Eurico Gaspar Dutra, firmou o decreto federal nº 9.215, proibindo os jogos de azar. Esse decreto produziu em todo o Brasil um efeito evidente, não apenas nos cassinos, mas também em muitos hotéis, pois havia uma inter-relação entre as duas atividades, unindo turismo e lazer. Teve início uma grande crise no turismo e, em especial, na hotelaria. Para enfrentá-la, em 1955 a Confederação Nacional do Comércio cria o Conselho de Turismo e, no mesmo ano, os empresários fundam a Federação Nacional dos Hotéis, Restaurantes, Bares e Similares.

Bar Brahma

Fundado em 1948, na avenida São João, 677, esquina com a avenida Ipiranga, pelo alemão Henrique Hillebrecht, o Bar Brahma, exerceu importante papel social em São Paulo, como tradicional ponto de encontro – sempre oferecendo boa gastronomia – de artistas, políticos, jornalistas, escritores

152 Imagens da hotelaria na cidade de São Paulo

Praça da Bandeira e Vale do Anhangabaú, *c.* 1967. À direita do elevado, ao centro, o Hotel São Paulo. Editado por Mercator (Série Brasil Turístico, 71).

Cartão-postal da Praça da Bandeira mostrando o elevado que liga a avenida Nove de Julho ao Anhangabaú. A seu lado, o Hotel São Paulo, *c.* 1973. Editado por Fotoimpress.

e empresários. A história desse ponto, porém, é anterior ao Bar Brahma. Ali funcionava o Cassino Marabá, que encerrou suas atividades quando o general Eurico Gaspar Dutra proibiu os jogos de azar no Brasil. No local, passou a funcionar a elegante Boite e Confeitaria Marabá, até 1948, quando, com a colaboração da Cervejaria Brahma, foi inaugurado o bar, sempre contando com frequentadores ávidos pela cerveja, pelo chucrute e pela alegria das músicas alemã e húngara, sendo sua época áurea o período entre 1958 a 1968 (Podanovski, 1988: 194). Mais tarde, em decorrência da degradação do centro, na década de 1980, o bar fechou no início da década de 1990, reabrindo em 1997, com o nome de São João 677. No final de 1998, o bar fechou novamente, e de novo como Bar Brahma reabriu em 9 de janeiro de 2001.

Hotel Marabá

O Hotel Marabá, pertencente ao grupo Horsa, iniciou suas atividades em 1945, em um edifício de onze andares, erigido a partir de 1941 pela Sociedade Construtora Duarte. Localizado na avenida Ipiranga, 757, telefone 34-8141, em um conjunto arquitetônico de relevo – que abrigava também o Cine Marabá (ainda em funcionamento), tendo ao lado o Hotel Terminus e, em seu entorno, outros hotéis representativos do grupo Horsa. Muito próximo à avenida São João, o Marabá foi um dos estabelecimentos prestigiados de sua época, pela riqueza de sua decoração, que incluía detalhes folheados a ouro. O hotel manteve-se em atividade até 1968. Depois, por um tempo com o nome de Plaza Marabá Hotel, retomou suas atividades. Desocupado e deteriorado, passou por reformas, com projeto da arquiteta e designer Janete Costa.[13] Reestruturado (agora com 95 apartamentos), tendo recuperado sua identidade e seu brilho, voltou a operar como Hotel Marabá.

Por sua vez, o cinema que integra o conjunto arquitetônico manteve-se em atividade até 2007, com sua grande sala de quase dois mil lugares e uma das maiores telas do Brasil. O projeto da reforma do Cine Marabá, assinado pelos arquitetos Ruy Ohtake e Samuel Kruchin, resultou na sua reabertura, agora um multiplex com

---

[13] Falecida em novembro de 2008, em seus últimos anos a arquiteta voltou toda sua experiência para projetos de hotéis, superando, como diz a jornalista Adélia Borges "as receitas rígidas da hotelaria suíça e da americana, resultando em espaços com personalidade e expressão cultural" (cf. http://www.asbea.org.br/escritorios-arquitetura/noticias/faleceu-em-olinda-pe-a-arquiteta-e-designer-janete-costa-118132-1.asp). Acesso em 26-8-2013.

154 Imagens da hotelaria na cidade de São Paulo

Fachada atual do Hotel Marabá e do cinema, ambos já restaurados. Foto: Fernando Salinas.

Etiqueta de bagagem do Embassy Hotel, correspondente ao ano da inauguração, 1950.

cinco salas (três delas em espaços redondos), no dia 30 de maio de 2009, revitalizando este que é um marco do centro de São Paulo.

Embassy Hotel

Inaugurado em 1950, o Embassy Hotel, avenida Anhangabaú, 931, foi um estabelecimento de luxo, mas com período de atividades bastante curto. O prédio foi demolido e seu espaço é hoje ocupado pelo túnel que liga as avenidas Nove de Julho e Prestes Maia.

Grão Pará Hotel

A exemplo do que aconteceu com o seu vizinho, o Hotel São Paulo, o Grão Pará Hotel, aberto em 1950, também sucumbiu à degradação da região central da cidade. Os quarenta apartamentos que ofereciam conforto aos seus hóspedes estavam constantemente lotados; porém, depois do início das obras do metrô, com suas consequências imediatas – barulho, poeira, transtornos no trânsito –, o movimento sofreu uma redução de 75%. Hoje o edifício é ocupado por escritórios.

Etiquetas de bagagem do Grão Pará Hotel, praça da Bandeira, 39.

Cartão-postal mostrando o centro de São Paulo e o Anhangabaú; ao centro, Hotel São Paulo, ao lado, unido ao edifício, à direita, o Grão Pará Hotel, c. 1960.

Outros hotéis na Cinelândia e Santa Ifigênia

Ainda em 1950, diversos hotéis com bons apartamentos e serviços de qualidade foram inaugurados em São Paulo; nenhum, porém, era de luxo:
- Paramount Hotel, rua dos Timbiras, 121, telefone 47171, Santa Ifigênia, que continua no mesmo endereço, operando hoje como Novo Paramount Hotel.
- Hotel Hollywood, rua dos Timbiras, 143, telefone 42767, Santa Ifigênia, era vizinho ao antigo Paramount Hotel. O prédio ainda existe, mas o hotel já foi desativado.
- Hotel Líder, avenida Ipiranga, 908, telefone 47151; próximo à Cinelândia, foi desativado e seu espaço hoje é ocupado por um estacionamento.

Praça Júlio Mesquita

Localizada entre a avenida São João, rua Vitória e alameda Barão de Limeira, a antiga praça Vitória foi erguida no início do século XX; a Fonte Monumental, em estilo *art nouveau*, que a caracteriza, é de autoria de Nicolina Vaz de Assis Pinto do Couto (1874-1941) e data de 1923. No ano seguinte, para homenagear o proprietário do jornal *A Província de São Paulo* (o qual foi por ele rebatizado *O Estado de S. Paulo*, em 1890), o jornalista Julio César Ferreira de Mesquita (1862-1927), a praça recebeu seu nome, Júlio Mesquita.

Em 2009, a fonte encontrava-se pichada, suja e sem as famosas lagostas de bronze, motivo por que, em 2010, foi contratado um projeto de recuperação do espaço e, em especial, da fonte. Em agosto de 2012, teve início o trabalho de restauração; a praça foi reinaugurada em 2 de maio de 2013. As antigas lagostas de bronze foram substituídas por réplicas de resina e, para evitar o vandalismo, a fonte foi cercada por placas de vidro, em substituição às grades ali colocadas na década de 1980.

(à esquerda)
Etiqueta de bagagem do Hotel Paramount, década de 1950.

(à direita)
Etiqueta de identificação de bagagem do Hotel Hollywood, *c.* 1955.

A Pauliceia cosmopolita 157

Detalhe da Fonte Monumental na praça Júlio Mesquita e, ao fundo, o Edifício Andraus, 1967. A praça era um espaço de lazer bastante frequentado por famílias. Foto: Pedro H. Valenzuela Góngora, c. 1969. Acervo pessoal.

A praça Júlio Mesquita e o Andraus

Até o final da década de 1960, ainda era possível ver famílias passeando pela praça Júlio Mesquita, lugar bastante movimentado, repleto de estabelecimentos comerciais e próximo à Cinelândia.

Em 24 de fevereiro de 1972, a praça foi usada para posicionar os carros de bombeiros e receber ajuda no combate ao incêndio do Edifício Andraus, onde funcionavam escritórios e a então famosa loja de departamentos Pirani. Muitos helicópteros pousavam na praça Princesa Isabel, na avenida Rio Branco com a avenida Duque de Caxias; outros na própria São João. Eu ainda era criança e residia muito perto do Andraus; por isso vi, da avenida São João, o terrível incêndio.

Essa tragédia abriu as discussões sobre segurança nos grandes edifícios, que até então não era objeto de preocupações.
Restaurado, o Andraus, com seus 32 andares, é hoje ocupado por repartições municipais e federais.

(ao lado)
Vista atual do Edifício Andraus.
Foto: Fernando Salinas.

(abaixo)
Cartão-postal da praça Julio Mesquita, *c.* 1940. À esquerda, o antigo Hotel Natal, hoje Lux Hotel. Ao centro, a Fonte Monumental, datada de 1923.

Hotel Natal, Hotel Lux

Inaugurado como Hotel Natal, com seus 48 apartamentos, todos com banheiros privativos, no início da década de 1950 passa a operar com a bandeira de Lux Hotel. Ainda hoje está em funcionamento; porém, devido à mudança na numeração da praça Júlio Mesquita, corresponde ao número 34.

(acima)
Etiqueta de bagagem do Hotel Natal, próximo à Cinelândia, na praça Julio Mesquita; c. 1950.

Etiqueta de bagagem do Hotel Lux, antigo Hotel Natal, c. 1955.

(ao lado)
Vista atual do Lux Hotel, na Praça Júlio Mesquita. Foto: Fernando Salinas.

Urca Hotel

Situado de frente para a praça Júlio Mesquita, na esquina com a rua Barão de Limeira, o Urca Hotel destacava em sua publicidade sua localização próxima à Cinelândia e seus apartamentos completos, "com banheiros privativos, colchões de molas e telefones". Por causa da degradação da região central, o hotel foi fechado e o prédio encontra-se bastante deteriorado.

(acima)
Etiqueta de identificação de bagagem do Urca Hotel, década de 1950. Em decorrência da mudança de numeração efetuada nos logradouros, o endereço do hotel modificou-se, passando da praça Júlio Mesquita para a rua Barão de Limeira.

Etiqueta de bagagem do Grande Hotel Broadway, no coração da Cinelândia. *c.* 1950.

(ao lado)
Fachada do antigo Grande Hotel Broadway, hoje Cinelândia Hotel. Foto: Fernando Salinas.

Grande Hotel Broadway

Localizado na avenida São João, 536, ao lado do Cine Broadway – um dos cinemas mais famosos da cinelândia paulista –, este hotel tinha como diferencial a proximidade com o centro e sua intensa vida cultural. Atualmente, funciona nesse espaço o Cinelândia Hotel, cujo nome homenageia a região.

Hotel Barabay

Já o Hotel Barabay, na rua dos Gusmões, 394, esquina com a rua Santa Ifigênia, inaugurado em 1949, além da localização, exibia um diferencial importante em seu anúncio: todos os quartos tinham colchão de molas e telefone. O edifício do hotel ainda existe; o último hotel que funcionou nesse endereço chamava-se Hotel Galeão, possuía site na internet e se apresentava como uma opção de hospedagem próxima ao centro de compras da Santa Ifigênia.

Hotel Columbia e Hotel Columbia Palace

O Hotel Columbia, localizado na rua dos Timbiras, 492, esquina com a avenida São João, inaugurado em 1950, anunciava serviços de bar, barbearia e lavanderia própria, além dos luxuosos apartamentos. Atualmente, o hotel pertence à Rede Buenas Hotéis São Paulo.

Importante destacar que este hotel não é o Hotel Columbia Palace, que foi fechado e seu prédio abandonado na década de 1990. O edifício do Columbia Palace, situado no famoso cruzamento da avenida São João com avenida Ipiranga, voltou às páginas dos jornais no dia 4 de outubro de 2010, devido à sua ocupação por parte de aproximadamente 87 famílias integrantes de movimentos sociais que lutavam por moradias.

Hotel Santos Dumont, próximo à estação ferroviária

O Hotel Santos Dumont, situado na rua Mauá, 360, próximo à estação da Luz, aberto em 1953, foi concebido para suprir a demanda de hospedagem do IV Centenário de São Paulo.

Mayer Wolf Szifer comprou da família Gordinho, em 1945, o terreno para a construção do hotel; em 1953, as antigas lojas ali situadas foram demolidas e o hotel construído. Porém, o proprietário

(acima)
Etiqueta de bagagem do Hotel Barabay, década de 1950.

(abaixo)
Vista atual da fachada do antigo Hotel Columbia Palace, ocupado por integrantes de movimentos sociais que lutam por moradias. Foto: Fernando Salinas.

faleceu em 1957, e o estabelecimento ficou para a família. Afetado pela degradação do entorno, o hotel funcionou até o início da década de 1990.[14]

O prédio, então abandonado há mais de dez anos, sofreu uma ocupação no ano de 2003; uma segunda ocupação ocorreu em 2007.

Chamada de "Ocupação Mauá", o prédio tornou-se alvo de uma disputa judicial entre os proprietários do edifício e os integrantes dos movimentos sociais que defendem a permanência das famílias que ocupam o espaço. Em julho e agosto de 2012, houve tentativas de reintegração de posse; no entanto, as famílias continuam instaladas no local. Somente em maio de 2013 o prefeito de São Paulo, Fernando Haddad, assinou decreto determinando a área como sendo de interesse social (DIS). O projeto de viabilidade propõe a transformação do antigo hotel – cujas instalações não contavam com suítes, mas apenas com um banheiro coletivo por andar – num edifício residencial de 160 apartamentos.[15]

Etiqueta de bagagem do antigo Hotel Santos Dumont, inaugurado em 1953. Seu *slogan* era "Santos Dumont – o orgulho do centenário".

Bairro da Liberdade: um pouco da colônia japonesa

A imigração japonesa para o Brasil teve início em 18 de junho de 1908, com a chegada do navio Kasato Maru ao porto de Santos. O *Almanach* de 1917 informa que

> Em Junho de 1908, chegou a primeira leva de immigrantes japonezes, em numero de 781, de accôrdo com o contracto de 6 de Novembro de 1907.
>
> Para assegurar melhor selecção desse novo elemento immigratorio, foi celebrado, a 14 de Novembro de 1908, um termo de modificação do contracto, estabelecendo-se condiçõs mais rigorosas. Exigiu-se no mesmo que, nos vapores que transportassem os immigrantes japonezes, fosse estabelecida tarifa reduzida para o café embarcado em Santos, com destino á Africa do Sul.
>
> Por Decreto nº 1699, de 23 de Janeiro de 1909, foi fixado em 10.000 o numero de immigrantes a introduzir nesse ano, com subvenção do Estado.[16]

Na capital, já em 1912, muitos imigrantes japoneses se instalaram na rua Conde de Sarzedas, caracterizada por ser uma ladeira íngreme, cujas construções contavam com porões, para aproveitar a inclinação do terreno. Por esse motivo, os

---

[14] "O proprietário". Disponível em http://www.edificiosabandonados.com.br/?cat=9&paged=2. Acesso em 2-1-2012.

[15] "Famílias da ocupação Mauá, em SP, dão 'primeiro passo' para que imóvel vire moradia". Disponível em http://www.tvt.org.br/noticias/familias-da-ocupacao-maua-em-sp-dao-primeiro-passo-para-que-imovel-vire-moradia. Acesso em 21-10-2013.

[16] *Almanach da Secretaria de Estado dos Negocios da Agricultura, Commercio e Obras Publicas do Estado de São Paulo para o anno de 1917*. São Paulo: Typographia Brasil, 1917, p. 155. Disponível em http://www.brasiliana.usp.br/bbd/handle/1918/01655100#page/236/mode/1up. Acesso em 27-12-2001.

aluguéis eram bastante baratos, atraindo a colônia; além disso, havia a facilidade de o local ser próximo ao centro da cidade. Três anos depois, a rua já era conhecida como "rua dos japoneses", pois ali funcionavam uma hospedaria, um empório, agências de emprego e pequenas fábricas de alimentos típicos.

O crescente número de imigrantes determinou a instalação de casas comerciais e, em 1915, a criação da primeira escola voltada à educação de japoneses e de seus descentes: a Escola Primária Taisho Shogakko, também na rua Conde de Sarzedas, o que vincula em definitivo a colônia ao bairro.

As notas mais antigas a respeito de hospedagem destinada à colônia japonesa dão conta de que o primeiro hotel da colônia instalado em São Paulo foi o Hotel Ueji, em 1914, na rua Tomás de Lima (atual Mituto Mizumoto), por Yazô Ueji, que se tornou conhecido entre seus conterrâneos por dar assistência aos filhos de imigrantes que vinham estudar na capital. A seguir, foi inaugurado o Hotel Mikado, na rua Conde de Sarzedas, onde residiam cerca de 600 japoneses.[17]

Em 9 de maio de 1924 é inaugurado o Hotel Tokiwa Ryokan, na rua Conde de Sarzedas, 41.

Mais tarde, outros estabelecimentos de hospedagem foram criados, em virtude da rápida expansão imigratória e consequente necessidade de acolhimento: em 1927, a Pensão Japoneza, na rua da Liberdade, 66, e, em 1929, outras pensões voltadas para o atendimento aos recém-chegados:

- Pensão de Akita Kumesaburo, rua Conde do Pinhal, 21;
- Pensão de Ishihara Keize, rua Conde de Sarzedas, 41;
- Pensão Ogawa, rua Conselheiro Furtado, 16;
- Pensão Wakayama, rua Conde de Sarzedas, 73.

Em 1940, Oscar Egídio de Araújo publica uma análise sobre a região da Liberdade, em especial sobre o núcleo inicial da população japonesa:

Japoneses

Em São Paulo, o ponto de concentração de japoneses encontra-se localizado ao norte do distrito de paz da Liberdade, próximo do centro da cidade e do distrito da Sé. [...] apresenta forma triangular limitada pelas ruas Conde de Sarzedas, Conde do Pinhal, Irmã Simpliciana, Estudantes e Glória e com tendência de alastrar-se literalmente pelas ruas Tabatinguera e São Paulo. No interior desse triangulo estão incluídas parcialmente as ruas Tomás de Lima (2 quarteirões) e Conselheiro Furtado (2 quarteirões) e, totalmente, as ruas Carolina Augusta, Oliveira Monteiro e João Carvalho. Ainda se encontra localizada no mesmo trecho, possuindo cerca de uma centena de moradias, a vila Conde de Sarzedas, de elevada densidade da

---

[17] "História do bairro da Liberdade", disponível em http://www.culturajaponesa.com.br/?page_id=312. Acesso em 11-05-2013.

população. Justamente por ser uma das velhas partes de São Paulo, este trecho apresenta numerosos becos, ruelas e vilas, alguns com nomes (travessas Ruggero, dos Estudantes, São Paulo e Amália Franco e vilas Estudantes e Suissa), outros sem nenhuma denominação. [...]
Assim, nesse trecho, apesar de pequeno, estão localizadas duas pensões – Yashima e Asami – e cinco grandes hotéis japoneses – Miyako, Suchiro, Iokiwa, Kiusku e Manpei. (Araújo, 1940: 238, *apud* Mendes, 2008)

Hotel Ebis, depois Hotel Ikeda

Em 1950, Kunie Yoshimura inaugurou o Hotel Ebis, na rua dos Estudantes, 140, no bairro da Liberdade, atribuindo-lhe características para atrair a colônia japonesa como clientela, a começar pelo idioma japonês, pelas refeições e pelo ambiente. Contudo, as atividades do hotel foram encerradas em 1955, ao ser ele adquirido por Masao Ikeda, um imigrante japonês que conhecia o ramo por haver trabalhado na hotelaria japonesa, no Hotel Imperial de Tóquio. No Brasil, Masao Ikeda trabalhou como cozinheiro no antigo Hotel Esplanada, onde foi responsável pela preparação de festas, banquetes e reuniões para a alta sociedade paulistana. Mais tarde, após abrir um bar-restaurante fora da capital, retornou a São Paulo, dessa vez para adquirir o Hotel Ebis e transformá-lo no Hotel Ikeda, onde trabalhou até falecer, em 1984. O principal atrativo do Hotel Ikeda eram as refeições de boa qualidade oferecidas aos clientes.

Por sua vez, em julho de 1953, Yoshikazu Tanaka inaugura o Cine Niterói (o nome une o termo *nitto*, que significa Japão, e a palavra herói),[18] o qual, além de equipado com sala de projeção com 1.500 lugares, contava também com um auditório, um restaurante e um hotel – o Hotel do Cine Niterói, que funcionava em dois dos quatro andares do prédio, na rua Galvão Bueno. A partir de 1968, à época da reestruturação daquele espaço urbano, com a implantação da Radial Leste, o proprietário negociou com a prefeitura um terreno na rua Barão de Iguape, esquina com a avenida da Liberdade, para construir as novas instalações da sala de cinema, onde antes funcionava o Cine Liberdade, permanecendo em atividade até 1988. Mais tarde, no local do segundo Cine Niterói, instalou-se o Hotel Barão Lu.

Etiqueta de bagagem do Hotel Ebis, do início da década de 1950, no bairro da Liberdade. No mesmo endereço funcionou, depois, o Hotel Ikeda.

---

[18] "Cine Niterói, ou 'Herói do Japão'", disponível em http://www.estadao.com.br/noticias/suplementos,-cine-niteroi-ou-heroi-do-japao,61188,0.htm. Acesso em 12-05-2013.

"São Paulo, a cidade que mais cresce no mundo"

1954: IV Centenário da Fundação de São Paulo

O início da década de 1950 trouxe aos poderes públicos preocupações quanto aos festejos do IV Centenário de São Paulo, que ocorreriam no ano de 1954.

Percebendo o déficit de instalações de hospedagem na cidade, a Comissão do IV Centenário obteve a aprovação da "Lei de Incentivo à Instalação Hoteleira", a qual isentava de impostos, até 31 de dezembro de 1962, os hotéis que fossem construídos e abertos até 25 de janeiro de 1954, data do aniversário da cidade. Tal benefício funcionou de fato como grande atrativo para a instalação de diversos hotéis.

E 1954 foi mesmo um ano de comemorações. Uma série de eventos internacionais marcou a data. Para receber turistas de todas as partes do Brasil e do mundo, a prefeitura da cidade preparou materiais de divulgação em diversos idiomas. Um fôlder promocional da Comemoração do IV Centenário da Fundação da Cidade de São Paulo, além de divulgar a realização da Exposição do IV Centenário e da I Feira Internacional, apresenta um mapa das atrações da capital e um levantamento estatístico sobre o desempenho da cidade naquele momento; ressalta também, com orgulho, que São Paulo é a "segunda cidade do Brasil" – afinal de contas, o Rio de Janeiro ainda era a capital federal.

Dentre as muitas inaugurações, destacam-se a do Parque do Ibirapuera, a do Monumento às Bandeiras, escultura em granito de Victor Brecheret (1894-1955), além de outras edificações que, de alguma maneira, expressam o conceito de modernidade, progresso e dinamismo da cidade.

O símbolo do evento, desenhado por Oscar Niemeyer, estampou o convite da Exposição do IV Centenário e da I Feira Internacional: era uma forma helicoidal (espiral) que saía do solo em direção ao céu, simbolizando a grandeza e pujança da cidade. Esse símbolo foi construído e instalado no Parque do Ibirapuera; porém, por problemas estruturais, foi retirado.

Pouco a pouco, a cidade toma novos espaços, confirmando o lema de 1954, das comemorações do IV Centenário da Fundação da cidade: "São Paulo, a cidade que mais cresce no mundo".

EXPOSIÇÃO DO IV CENTENÁRIO E I FEIRA INTERNACIONAL DE SÃO PAULO 1954

COMEMORAÇÃO DO IV CENTENÁRIO DA FUNDAÇÃO DA CIDADE DE SÃO PAULO

Seja benvindo

À SEGUNDA CIDADE DO BRASIL

TODOS OS RECURSOS MODERNOS PARA O SEU CONFÔRTO E PRAZER

Centro industrial e comercial de primeira grandeza, Capital do Estado mais rico e próspero da União, a cidade de São Paulo revela o alto grau de civilização a que já atingiu, proporcionando aos seus visitantes uma hospitalidade exemplar.

Hotéis — São Paulo possui uma linha de hotéis de primeira classe, que oferecem o máximo de confôrto e distinção. Entre êles salientam-se: Hotel Esplanada, Comodoro, Excélsior, Flórida, Lord, São Paulo, Términus, Marabá, Windsor e Claridge.

Teatros e Cinemas — É auspiciosa a vida teatral em São Paulo, que dispõe de várias casas de espetáculos de primeira ordem, grandes orquestras e conjuntos corais, escolas de teatro, "ballet" e cinema.

Centros Culturais — São Paulo tem muito a oferecer no campo cultural e no setor de educação. Entre as instituições de cultura e educação, salientam-se a Universidade de São Paulo (oficial), a Pontifícia Universidade Católica e a Universidade Mackenzie, merecendo ainda menção, no campo da pesquisa científica, o Instituto Biológico e o Instituto Agronômico, êste localizado na vizinha cidade de Campinas.
Das instituições culturais particulares merecem especial menção o Museu de Arte e o Museu de Arte Moderna, mundialmente conhecidos.

Esportes — Quase tôdas as modalidades de esporte são praticadas na cidade. Em primeiro lugar, pela imensa popularidade de que desfruta, figura o futebol, o esporte brasileiro por excelência. No Estádio do Pacaembu, um dos maiores e mais belos do Continente, disputam-se grandes préliios futebolísticos. Em Interlagos há um autódromo de primeira classe. Natação, hipismo, patinação, ciclismo, automobilismo, caça e pesca, aviação, golfe, hóquei, tiro-ao-alvo, esgrima, pugilismo, polo-aquático e atletismo em geral são largamente praticados. Os esportes náuticos têm, na represa de Santo Amaro, imenso lago artificial, um local ideal para a prática do remo, vela e iatismo.

Conheça

a exuberante natureza dos trópicos visitando São Paulo no ano do seu IV Centenário

Passeios e excursões:

Instituto Butantã — Em Pinheiros, nos arredores da cidade, situa-se o Instituto Butantã, centro de pesquisa científica mundialmente famoso. A produção de soros e vacinas se processa aí em larga escala e para as mais variadas especialidades médicas e veterinárias. O renome do Instituto adveio dos trabalhos ali desenvolvidos na produção do sôro antiofídico. Em viveiros especiais, onde o visitante as pode surpreender como em seu próprio "habitat", reúnem-se milhares de serpentes, utilizadas pelo Instituto nas suas pesquisas.

Parque da Cantareira — Parte da imensa reserva florestal do Estado que se situa junto à Capital, o Parque da Cantareira é um dos passeios preferidos da população paulistana.

Parque Florestal — Em Tremembé, pouco além da Cantareira, situado a 30 minutos do centro, está o Parque Florestal, onde se encontram, na própria natureza, exemplares de quase tôdas as espécies florestais brasileiras. Uma das grandes atrações do Hôrto é o Museu de Madeiras do Brasil.

Parque do Estado — Na estrada da Água Funda, atualmente avenida Miguel Estefno, próximo do novo bairro do Jabaquara, está o Parque do Estado com o seu maravilhoso orquidário. Mais de 32.000 espécies de orquídeas são ali cultivadas e, quando florescem, oferecem um espetáculo de beleza raramente igualado.

Museu do Ipiranga — No próprio local em que se proclamou a Independência do Brasil ergue-se o Museu do Ipiranga, circundado por um belo parque, no qual se salienta o Monumento da Independência, onde perenemente arde uma pira em homenagem aos vultos ligados ao episódio histórico. O Museu reúne em seus arquivos e mostruários verdadeiras preciosidades, particularmente relativas à história antiga de São Paulo.

Represa de Santo Amaro — Compreende uma sucessão de lagos artificiais, que se estendem por várias dezenas de quilómetros, alimentando as usinas hidrelétricas do Cubatão. Oferece pitorescos recantos para passeios e excursões.

A orla marítima — A setenta quilómetros de São Paulo está o grande pôrto de Santos, importante do ponto de vista econômico (é um dos maiores portos do Continente) e turístico. A cidade, rica de tradições históricas, possui admiráveis praias e passeios. Ao seu lado fica São Vicente, primeira cidade fundada ao sul do País e muito procurada como estação balneária. De São Vicente parte, em direção Sul, a Praia Grande, com mais de sessenta quilómetros de extensão até a histórica Itanhaem. Próximo de Santos está Guarujá, a pérola do Atlântico, praia digna de ser vista pela sua excepcional beleza. A Bertioga, com seu histórico Forte, é outra das belas praias paulistas. Êsses pontos são atingidos por uma rodovia ultramoderna, a Via Anchieta, que oferece deslumbrantes panoramas e pela E.F. Santos — Jundiaí, arrojada obra de engenharia.

Capa do fôlder promocional da Comemoração do IV Centenário da Fundação da Cidade de São Paulo, com o logotipo do evento – a espiral desenhada por Oscar Niemeyer.

Fôlder promocional da Comemoração do IV Centenário da Fundação da Cidade de São Paulo. 1954. Informações turísticas.

"São Paulo, a cidade que mais cresce no mundo" 167

Fôlder promocional da Comemoração do IV Centenário da Fundação da Cidade de São Paulo. Mapa contendo ícones das principais atrações da cidade.

Fôlder promocional da Comemoração do IV Centenário da Fundação da Cidade de São Paulo. Informações sobre o crescimento do município.

Hotel Claridge, depois Hotel Cambridge

Já com vista às comemorações do IV Centenário, em 1951 iniciou suas atividades o Hotel Claridge (que em 1962 passou a chamar-se Hotel Cambridge), na avenida Nove de Julho, 210, telefone 35-9131, em um edifício projetado pelo arquiteto Francisco Back. Recomendado no folheto comemorativo do IV Centenário, era um estabelecimento de alta categoria, com 119 apartamentos, excelentes serviços de bar e de restaurante, e localização privilegiada. Nos anos 1950 e 1960, o hotel contava com uma boate que se tornou um dos pontos de encontro preferidos de artistas da bossa nova e de estrangeiros em visita à cidade, como Nat King Cole, que se divertiu tocando o piano de cauda branco do bar. Entre as atrações da boate estavam também o pianista Pedrinho Mattar, o violonista Paulinho Nogueira, além de cantoras e cantores como Claudette Soares, Alaíde Costa e Dick Farney, que, em 1959, ao retornar de Nova York, onde se apresentara no Hotel Waldorf Astoria, veio apresentar-se no Cambridge. Outro frequentador assíduo do bar do hotel era Miro, um pianista que trabalhava na tradicional Casa Manon, especializada em instrumentos musicais, na rua Vinte e Quatro de Maio, e que gostava de levar ali seu filho, ainda garoto, César Camargo Mariano. Esse mesmo bar garantiu a fama do local que, após permanecer fechado durante alguns anos, passou por reformas e foi reaberto, voltando-se à realização de festas com muita música e dança em sua pista (promoção de eventos, *shows* ao vivo e música eletrônica). Durante algum tempo, o antigo Hotel Cambridge abrigou também um espaço específico para convenções e grandes eventos, valendo-se da decoração antiga (móveis originais, poltronas de veludo vermelho, tapetes, pisos, luminárias, etc.), que dava elegância e um ar nostálgico ao lugar.

Este foi outro ponto de hospedagem afetado pela deterioração urbana da região central da cidade. Hoje, os andares estão vazios e, em 2010, o edifício passou a integrar a lista de desapropriações da prefeitura, para posterior reforma do prédio visando à ampliação de ofertas de moradia na região central. A proposta, empreendida pela prefeitura de São Paulo por meio do Programa de Habitação e Requalificação do Centro – Renova Centro – é transformar os apartamentos em 115 unidades habitacionais de aproximadamente 38 m^2, para que possam ser vendidas dentro de um programa habitacional para famílias de baixa renda. Assim, após disputa judicial com os herdeiros do antigo hotel desde fevereiro de 2010, a prefeitura efetuou o depósito de R$ 6,5 milhões pela desapropriação do imóvel, devido às dívidas acumuladas, ainda no primeiro semestre de 2011.[1]

---

[1] Rodrigo Brancatelli, "Até sarcófago se esconde no antigo hotel Cambridge". Disponível em http://www.estadao.com.br/noticias/impresso,ate-sarcofago-se-esconde-no-antigo-hotel-cambridge,749788,0.htm. Acesso em 2-1-2012.

Hotel Comodoro

Em diversos locais onde foram construídos edifícios para abrigar hotéis, especialmente na região central da cidade, há um passado que deve ser redescoberto. No hall do Hotel Comodoro, escondida sob o vão da escada curvilínea que une o térreo ao *mezzanino*, havia uma placa de mármore relembrando esse passado, com os seguintes dizeres:

> Neste local estava edificada
> a Casa de Dona Olívia Guedes Penteado
> Ilustre incentivadora das artes
> cuja vida foi uma lição permanente
> de filantropia e patriotismo.

O Palacete de Dona Olívia Penteado começou a ser construído em 1895, com base no projeto do arquiteto Ramos de Azevedo (que concluíra seus estudos de Engenharia em Gand, na Bélgica e, em 1886, se estabelecera em São Paulo). Decorado por Lasar Segall, suas paredes contavam com obras de Picasso, Léger, Cézanne, Di Cavalcanti e do próprio Segall. A inauguração oficial do palacete ocorreu em 1904, na rua Conselheiro Nébias. Desde o início, o lugar foi cenário de encontros, reuniões e festas de artistas e intelectuais daquele período. Entre os vários célebres frequentadores estavam Sergio Milliet, Guilherme de Almeida, Paulo Duarte, Mário de Andrade, Tarsila do Amaral e Oswald de Andrade. Seus salões ficaram célebres pelos chás das terças-feiras, em que se realizavam saraus lítero-musicais promovidos pela anfitriã – foi neles que se gestou a Semana de Arte Moderna de 1922.

O palacete foi demolido no início da década de 1940 para permitir as obras de alargamento da rua Duque de Caxias, que mais tarde se tornaria a movimentada avenida Duque de Caxias.

No lugar da antiga sede do palacete foi inaugurado, em 1950, o Hotel Comodoro, na avenida Duque de Caxias, 525, telefone 51-9181, em edifício erguido pela Construtora Otto Meinberg, de propriedade de Paulo Meinberg, também dono do hotel.

Na época de sua inauguração, tornou-se um dos hotéis mais requisitados de São Paulo, sendo ainda recomendado no folheto comemorativo do IV Centenário. O antigo governador Adhemar de Barros era um dos hóspedes frequentes. A proximidade do hotel em relação ao centro de decisões políticas, o Palácio dos Campos Elíseos, sede do governo estadual naqueles anos, fazia do estabelecimento o ponto de reunião constante de políticos e homens públicos. Vale lembrar, também, que a atual praça Princesa Isabel era um espaço bastante usado para comícios e atos políticos, e o hotel estava situado muito próximo a ela. Outro atrativo do hotel foi a proximidade da Estação Rodoviária de São Paulo, inaugurada em 1961 na praça Júlio Prestes, o que sem dúvida elevava o número de hóspedes interessados no acesso fácil ao terminal de ônibus.

Etiquetas de bagagem do Claridge Hotel, *c.* 1953.

(acima)
No verso do cartão, lê-se, em inglês: "South America's most up to date hotel, famous for its incomparable hospitality. Hotel Comodoro – São Paulo – Brazil". Edição Alpha, *c.* 1954.

(ao lado)
Anúncio do Hotel Comodoro, *c.* 1954. Gráfica Alpha.

Etiqueta de bagagem do Hotel Comodoro, década de 1950.

"São Paulo, a cidade que mais cresce no mundo" 171

Cartão-postal da antiga Estação Rodoviária, em 1961. O Hotel Comodoro ficava nas proximidades, na avenida Duque de Caxias. Edição Brasilcolor.

Cartão-postal da antiga Estação Rodoviária de São Paulo (hoje demolida), tendo ao fundo a Estação Sorocabana, c. 1970. Edição Brasilcolor.

O Comodoro foi um ótimo hotel, que oferecia serviços de primeira categoria a preços acessíveis, com suítes de alto padrão e apartamentos amplos, tendo ainda, em suas dependências, um bom restaurante e o Captain's Bar, uma casa noturna (boate) que marcou época em São Paulo, dirigida durante longos anos por Olivieri. Artistas como Isaurinha Garcia, acompanhada ao piano por Antônio Bruno Zwarg, e, ainda no início da carreira, o cantor Noite Ilustrada (Borelli, 2005: 28) – que se tornou conhecido interpretando a música *Volta por cima*, de Paulo Vanzolini – faziam apresentações. O Captain's Bar teve como barman, em 1957, Ramón Mosquera López, que, após um breve afastamento, retornou como arrendatário do restaurante e do hotel e, mais tarde, do Captain's, transformando-o na respeitada churrascaria Don Diego (Podanovski, 1988: 170-171). Além de artistas conhecidos, a boêmia paulistana frequentava o Captain's Bar: membros da alta sociedade misturavam-se a turistas, cantores, atores, poetas e compositores, como Aracy de Almeida, Linda Batista, Sílvio Caldas e Vinicius de Moraes. No final da década de 1950, por exemplo, o costureiro da elite brasileira, Dener, mudou-se para uma das suítes do hotel, o que lhe permitiu frequentar assiduamente o bar, onde entabulou amizades e contatos profissionais (Dória, 1998: 35). O Hotel Comodoro contava também, em seu hall, com o painel *Os Bandeirantes*, de 1954, pintado sobre 70 mil pastilhas coloridas, criado por Cândido Portinari (retirado, intacto, em agosto de 2004, pelo restaurador Luís Sarasá).[2] Após a etapa áurea, o hotel entrou em declínio por diversos motivos, como questões administrativas, aumento da concorrência e degradação do entorno, especialmente a partir da instalação da estação rodoviária, em 1961. Por fim, seu antigo dono, Paulo Meimberg, vendeu o estabelecimento a Emilio Bono em 1984, que submeteu o prédio a uma reforma completa.

Após sua última renovação em 2006, o hotel operou com o nome de Comodoro Hotel e Cultura até seu fechamento. A partir de 2010, o edifício foi reformado e seus apartamentos ganharam o padrão de estúdio e apartamentos de um dormitório, sendo vendidos como moradias diferenciadas e de baixo custo.

Hotel Danúbio

Em novembro de 1952, foi a vez de o Hotel Danúbio, localizado na avenida Brigadeiro Luís Antônio, 1.019, abrir suas portas. O prédio de doze andares, especialmente construído para ser um hotel, era de grande funcionalidade: possuía um amplo estacionamento, oficina mecânica, posto de gasolina, 137 confortáveis apartamentos e suítes, sauna, restaurante e bar, boate, salões para festas e convenções.

---

[2] Restaurada, a obra ficou exposta no saguão da Bolsa de Mercadorias e Futuros de São Paulo, tendo sido depois adquirida pelo banqueiro Olavo Setúbal, que a instalou no Centro Empresarial Itausa.

"São Paulo, a cidade que mais cresce no mundo" 173

(acima, à esquerda)
Hotel Danúbio, ainda com o letreiro luminoso, 1997. Foto: Pedro H. Valenzuela Góngora. Acervo pessoal.

(acima, à direita)
Edifício do antigo Hotel Danúbio, onde atualmente funciona uma faculdade particular. Foto: Fernando Salinas.

(ao lado)
Etiqueta de bagagem do Hotel Danúbio, *c.* 1965.

Por estar próximo aos teatros da avenida Brigadeiro Luís Antonio, o Hotel Danúbio era, a exemplo do Hotel Normandie, na avenida Ipiranga, e do Hotel Jandaia, na avenida Duque de Caxias, um dos hotéis mais frequentados por artistas de renome nacional e internacional, além de times e seleções de futebol, inclusive a seleção brasileira.

Desse modo, no fim da década de 1960 o Hotel Danúbio foi fundamental não só para os artistas consagrados, mas também para os novatos que despontavam nos palcos: Os Mutantes (formado pelos jovens Rita Lee, Arnaldo e Serginho Batista) frequentavam o hotel para visitar Gilberto Gil (que na época lá residia com Nana Caymmi); ali conheceram o empresário Guilherme Araújo, Caetano Veloso (em início de carreira), Vandré, o coreógrafo norte-americano Lennie Dale, o escritor Torquato Neto (que costumava ir à sauna do hotel) e o grande Rogério Duprat, o maestro que fez o arranjo da canção "Domingo no parque", responsável pela grande projeção alcançada pelo conjunto Os Mutantes no Festival de 1968, ao lado de Gilberto Gil e do produtor Solano Ribeiro (Calado, 2008).

Para aqueles anos, sem dúvida, foi um cinco estrelas. Passou por uma grande reforma na década de 1980. Nos anos 1990, embora já não fosse um hotel de luxo, continuava funcionando, sob a direção do jornalista e radialista Enio Rodrigues.

O Hotel Danúbio fechou suas portas em 2002; sua sauna foi transformada em clube (o B.A.S.E. Diesel) e, posteriormente, em 2003, o prédio foi comprado por uma instituição de ensino privado. No entanto, o edifício do antigo Danúbio, no mês de julho de 2003, ainda vazio, foi ocupado por um grupo de 600 pessoas, que se intitularam integrantes do "Movimento dos Sem-Teto do Centro", durante três dias. Foi necessária a intervenção judicial para a reintegração de posse. No mesmo período, foram ocupados dois edifícios de outros hotéis desativados – o Hotel Santos Dumont e o Hotel Terminus –, que também foram desocupados pela polícia. Atualmente, após sua reforma, funciona no edifício do antigo Hotel Danúbio uma faculdade da rede particular de ensino.

Hotel Jaraguá

Em 22 de janeiro de 1954 foi inaugurado o Hotel Jaraguá, na rua Major Quedinho, 40. Projetado nos anos 1950 pelos arquitetos Jacques Pillon e Franz Heep, o conjunto arquitetônico reunia a redação do jornal *O Estado de S. Paulo* e a *Rádio Eldorado*, na parte baixa, e o hotel na parte superior. No térreo, havia uma série de acessos independentes que permitiam a entrada à redação do jornal, a doca de carga e descarga, o balcão de anúncios e a recepção, além da entrada social e entrada pela portaria de serviço ao hotel.

(acima)
Edifício do Hotel Jaraguá, à direita. No topo, o relógio que caracterizou o prédio ainda não estava instalado. Cartão-postal. Data aproximada: 1953. Edição Piccoli.

(ao lado)
Hotel Jaraguá, na rua Major Quedinho. Cartão-postal, sem referências. *c.* 1958.

Imagens da hotelaria na cidade de São Paulo

(acima, à esquerda)
Hotel Jaraguá, no mesmo edifício do jornal *O Estado de S. Paulo*. Nas ruas é possível observar o tráfego de bondes elétricos. Cartão-postal, Cromocart, c. 1955.

(acima, à direita)
Praça Dom José Gaspar e prédio de *O Estado de S. Paulo*, década de 1970. Cartão-postal. Brasilcólor.

(ao lado)
Etiqueta de bagagem do Hotel Jaraguá, início da década de 1950.

Vista atual do edifício do antigo Hotel Jaraguá. Foto: Fernando Salinas.

Bem na esquina do edifício, foi instalado um mosaico de pastilhas de vidro, desenhado por Di Cavalcanti. Havia também um famoso luminoso que estampava as manchetes que o jornal publicaria. No topo do prédio foi colocado um grande relógio, que também se tornou uma imagem tradicional na paisagem urbana do centro de São Paulo. Esse prédio pode ser visto em diversos filmes que mostram São Paulo, como, por exemplo, *O Bandido da Luz Vermelha*, de Rogério Sganzerla, de 1968, que contém sequências feitas nas ruas da cidade.

A partir de 1976, o *Diário Popular*, então pertencente a Orestes Quércia, passa a ocupar o espaço físico deixado pelo grupo Estado, que se instalou em sua sede atual, na avenida Engenheiro Caetano Álvares, no bairro do Limão.

Nas décadas de 1950, 1960 e parte dos anos 1970, o Hotel Jaraguá era um dos estabelecimentos mais importantes de São Paulo. Muitas personalidades do mundo artístico e da política nacional e internacional o frequentavam. Os primeiros hóspedes, por exemplo, foram artistas e diretores que participavam do Festival Mundial de Cinema, realizado durante as comemorações do aniversário de São Paulo, e isso era apenas o princípio. Fazem parte dessa história Ginger Rogers, Alain Delon, Tony Curtis, Louis Armstrong, Brigitte Bardot, equipes esportivas, políticos como Robert Kennedy e Fidel Castro, além de personalidades como o milionário Nelson Rockefeller.

O hotel tinha seus 263 apartamentos concentrados a partir do 8º andar. Contava com excelentes serviços de hospedagem e de restaurante. Seu bar era ponto de encontro de políticos e jornalistas. Paulatinamente foi sendo superado por outros empreendimentos hoteleiros. Em 1983, foi vendido para um grupo paranaense, passando a funcionar com o nome de Primus-Jaraguá.

Em 2003, o edifício passou a abrigar o Hotel Holiday Inn Select Jaraguá. Hoje, operando como Novotel São Paulo Jaraguá Convention, após reforma estrutural aprovada pelo Patrimônio Histórico, que protege a edificação, o estabelecimento proporciona como diferenciais a proximidade à região central, fácil acesso a transporte, conforto e opções de lazer aos hóspedes. Os dois subsolos, antes ocupados pela gráfica e pela redação do jornal, foram adaptados para abrigar 25 salas para eventos, uma delas um auditório com 280 lugares, além de setores de apoio. O primeiro andar é ocupado por dois restaurantes. Há também o Teatro Jaraguá, que oferece espetáculos teatrais diversos. A remodelação permitiu ampliar o número de apartamentos para 415 unidades.

Othon Palace Hotel

Em 29 de dezembro de 1954, durante o IV Centenário de São Paulo, foi inaugurado, na rua Líbero Badaró, 190, esquina com a praça do Patriarca, o Othon Palace Hotel, do grupo Hotéis Othon S. A., criado pelo empreendedor pernambucano Othon Bezerra de Mello (1880-1970), em um edifício de 25 pavimentos, com 227 apartamentos. Considerado um dos estabelecimentos de luxo da época, hospedou grandes personalidades. Na cobertura do edifício funcionava o Chalet Suisse, um restaurante pequeno, com decoração de chalé alpino, música (órgão) ao vivo, muito requisitado pela qualidade de sua cozinha e pela bonita vista panorâmica

(esquerda)
Cartão promocional da rede de Hotéis Othon em São Paulo e Rio de Janeiro, década de 1950.

(direita)
Cartão-postal promocional do Othon Palace Hotel.

que proporcionava. Além do Chalet Suisse, o hotel contava também com outro restaurante internacional, The Four Seasons, com trinta mesas e piano ao vivo (Podanovski, 1988: 203).

> A primeira vez que se rebaixou o lençol freático para executar fundações no Brasil foi na obra do Othon Palace, construída em 1954. Dessa forma, foi possível escavar abaixo do nível da água. Quando o Othon Palace, que era um edifício de escritórios, foi convertido em um hotel, em 1954, o aumento de carga gerado pelo acréscimo de banheiros o fez recalcar cerca de 18 cm até 1966. Mesmo assim ele está magnífico.[3]

Entre seus frequentadores, contou com personalidades do mundo político, como Indira Gandhi, Príncipe Hirohito, Hailé Selassié, os ex-presidentes Juscelino Kubitschek, Costa e Silva e Castello Branco e celebridades – Sammy Davis Jr., Nat King Cole, Joan Crawford, Marlene Dietrich, Yuri Gagarin, entre outros hóspedes ilustres. No Livro de Ouro, consta uma mensagem de Ella Fitzgerald, datada de 1960: *"Thanks for a lovely stay"* (Bragon, 2009).

Há alguns anos, o estabelecimento foi reformado, ampliou o número de quartos para 260 e passou a funcionar com o nome de São Paulo Othon Classic; no entanto, encerrou suas atividades em 2008, devido aos prejuízos financeiros com que operava, sendo colocado à venda em janeiro de 2009. Em 3 de fevereiro de 2009, o edifício foi declarado "utilidade pública" e, em 2011, a prefeitura propôs sua integração aos escritórios da administração municipal, em função da proximidade entre ambas.

Entretanto, desde o dia 26 de outubro de 2012, cerca de 150 famílias pertencentes a movimentos sociais que lutam por moradias populares ocuparam o edifício, que ainda permanecia vazio.

---

[3] http://www.cspublisher.com/admin/produtos/PTE/engenharia-civil/83/artigo32673-1.asp.

Vista do Vale do Anhangabaú, c. 1970. Por trás do Viaduto do Chá vê-se, ao centro, o edifício Matarazzo, e, à sua esquerda, o Othon Palace Hotel. Cartão-postal Edicard.

Vista noturna do Vale de Anhangabaú, com o Othon Palace Hotel à esquerda, o Edifício Matarazzo, ao centro, e o Hotel São Paulo, ao fundo e à direita. Cartão-postal Brasilcólor, c. 1975.

Hotel Atlântico

Também em 1954, o Hotel Atlântico abre suas portas, na avenida São João, 1.222. O edifício é uma construção datada de 1920 e tem valor histórico-arquitetônico.

(ao lado)
Etiqueta de bagagem do Othon Hotel São Paulo, década de 1960.

Etiqueta de bagagem do Othon Palace Hotel, *c.* 1970.

(abaixo)
Rua Barão de Itapetininga, importante zona de comércio na época; ao fundo, edifício do Othon Palace Hotel, década de 1970. Cartão-postal Mercator.

(ao lado)
Vale do Anhangabaú, a partir da praça Ramos de Azevedo. Em primeiro plano, a escultura *Guarany* (1922), em bronze, de Luiz Brizzolara (1868-1937). Ao centro e ao fundo, Othon Palace Hotel. É possível observar, à esquerda do hotel, a igreja de Santo Antônio. Cartão-postal Mercator, década de 1970.

(abaixo, à esquerda)
Vista atual do Viaduto do Chá, a partir da praça Ramos de Azevedo. À direita, o edifício Matarazzo, onde funciona a Prefeitura de São Paulo, e, à esquerda, o antigo Othon Palace Hotel, já sem o letreiro lateral que o identificava. Foto: Fernando Salinas.

(abaixo, à direita)
Fachada do antigo Othon Palace Hotel após a ocupação, em fevereiro de 2013. Acervo pessoal.

Para a instalação do hotel, foi preciso adaptar o prédio, porém as linhas originais do conjunto foram respeitadas, especialmente no que se refere às suas dependências internas, que conservaram seu aspecto primitivo.

Desativado no final da década de 1990, o prédio do antigo hotel foi reformado pela Secretaria Municipal de Assistência Social, que o transformou, em dezembro de 2010, na Morada São João, e atualmente se tornou o lar de mais de duzentos idosos, que residem em suas sessenta suítes.

(à esquerda)
Foto do Hotel Atlântico, 1997. À direita, Hotel JK. Foto: Pedro H. Valenzuela Góngora. Acervo pessoal.

(à direita)
Vista atual do imóvel onde funcionou o antigo Hotel Atlântico e que hoje abriga a Morada São João. Foto: Fernando Salinas.

Regência Hotel

O Regência Hotel localizava-se na avenida São João, 1.523. Seu primeiro proprietário foi A. Cislaghi; posteriormente, o hotel foi adquirido por Francisco da Costa Pacheco. Este estabelecimento aparece no filme *O Bandido da Luz Vermelha* (1968), de Rogério Sganzerla, numa cena de perseguição.

Tendo encerrado suas atividades no fim da década de 1980, o edifício permaneceu fechado por bastante tempo. Por fim, o Regência Hotel foi adaptado para servir de moradia para 42 famílias sem-teto inscritas em um programa de habitação da Prefeitura de São Paulo. Desde 2001, as antigas 49 suítes passaram a servir como residência para essas pessoas, que viviam em outro prédio ocupado, na rua Brigadeiro Tobias.

(*ao lado*)
Regência Hotel, avenida São João, 1.523. S/e., *c.* 1.956.

(*abaixo*)
Etiqueta de bagagem do antigo Regência Hotel, que desde 2001 se transformou em edifício residencial.

Pallazo Hotel Ca'd'Oro

Em 1955 é inaugurado o Pallazo Hotel Ca'd'Oro, na tranquila e central rua Basílio da Gama, 68, telefone 37-9195. Foi um estabelecimento de alta categoria, frequentado por seleta clientela. Sempre se distinguiu pela qualidade de sua cozinha, de tal modo que seu restaurante era um dos mais procurados da cidade; para obter uma reserva de mesa, era necessário passar por uma longa espera.

Fabrizzio Guzzoni, italiano descendente de uma tradicional família hoteleira de Bérgamo, veio para o Brasil em 1953. Na época, Fabrizzio administrava o Grande Hotel Moderno em Bérgamo, quando conheceu uma hóspede brasileira e casou-se com ela, vindo para o Brasil no mesmo ano. Ainda em 1953, Fabrizzio fundou o restaurante Ca'd'Oro, na rua Barão de Itapetininga, um estabelecimento cuja comida era excelente, porém, sem luxo. Em 1955, Guzzoni inaugura o primeiro Hotel Ca'd'Oro, que era carinhosamente chamado entre os profissionais do ramo de Ca'd'Orinho, e que mais tarde, em 1963, teria suas instalações ampliadas, com entrada pela rua Augusta. O Ca'd'Oro contava com um ótimo restaurante e seu

(à esquerda)
Grand Hotel Cá-d'-Oro, rua Augusta, 129. Cartão-postal, 1975, Mercator.

(à direita)
Hotel Gran Corona, 1987.
Foto: Pedro H. V. Góngora.

serviço, considerado um dos melhores, manteve durante dez anos a presença de Giancarlo Bolla como *maître* (Podanovski, 1988: 36) – mais tarde, em 1971, Bolla criou sua própria casa, La Tambouille. No entanto, foi em 1978 que o Hotel Cá-d'-Oro se transformou no gigantesco complexo hoteleiro, com a incorporação de terrenos, reformas e implantação de instalações luxuosas.

O nome do hotel vem do dialeto veneziano e significa "casa de ouro", fazendo referência também ao palácio em Veneza. A mais famosa suíte do hotel foi batizada de "Il Dodge"; suas áreas sociais estavam repletas de obras de arte, porcelanas chinesas, tapetes persas, mobiliário antigo e refinado. Entre seus hóspedes célebres, estiveram o rei Juan Carlos e a rainha Sofia da Espanha, o rei Carlos Gustavo e a rainha Silvia da Suécia, o escritor Pablo Neruda, os ex-presidentes João Figueiredo e José Sarney, a princesa Anne da Inglaterra, entre outros.

O Grand Hotel Cá d'Oro encerrou suas atividades em dezembro de 2009, rendendo-se à degradação do espaço urbano. O edifício de quinze andares onde funcionava o hotel será demolido para dar lugar a uma torre de 28 andares, que abrigarão 549 salas comerciais e 143 flats, além de um restaurante (Bérgamo, 2010). A demolição do antigo hotel foi aprovada pelo Conselho Municipal de Preservação do Patrimônio Histórico, Cultural e Ambiental da Cidade de São Paulo (Conpresp).[4] O novo empreendimento, pertencente ao neto do fundador do antigo Grand Cá d'Oro, Aurélio Guzzoni, investe na funcionalidade oferecida aos hóspedes e aposta na revitalização daquela área, especialmente da praça Roosevelt.

Há alguns anos, a antiga sede da Basílio da Gama foi vendida e reformada, logo passando a abrigar o Hotel Gran Corona, no número 101. Este hotel constitui um estabelecimento elegante, atualmente com 86 apartamentos, restaurante e bar, e continua a oferecer um bom nível de serviços.

Hotel Vila Rica e Hotel Amazonas

Nos anos 1960 e 1970, o entorno da praça da República abrigava espaços de lazer e turismo, como restaurantes, hotéis, galerias de arte, mercearia de produtos importados, doceiras e confeitarias, lojas de roupas e calçados, cinemas, além da feira de arte (também conhecida como "feira *hippie*") que acontecia aos domingos,

Etiqueta de bagagem do Hotel Gran Corona.

---

[4] Cf. decisão publicada no *Diário Oficial* de 5-3-2011. O Conpresp recomendou o "completo dossiê da edificação que será demolida, com fotos e plantas, para arquivo do Departamento do Patrimônio Histórico, levando-se em conta a importância do Hotel Ca'd'Oro, que por anos a fio serviu como referência no mercado hoteleiro". Ver também "Demolição do Hotel Ca'd'Oro é autorizada", em Cidade, 10-3-2011. Disponível em http://blogs.estadao.com.br/jt-cidades/demolicao-do-hotel-ca%C2%B4d%C2%B4oro-e--autorizada/. Acesso em 25-12-2011.

Cartão-postal da rua Vieira de Carvalho, próximo ao largo do Arouche. c. 1945. Fotolabor, 176.

com apresentação de espetáculos musicais em seu coreto. Essas atividades atraíam muitos artistas, turistas, jovens e famílias, que ali passeavam e se encontravam.

Inaugurado na década de 1960, o Hotel Vila Rica funcionou na avenida Vieira de Carvalho, 167, até o final do ano 2000. Com o encerramento das atividades do hotel, o edifício, pertencente à família de Adolpho Lindenberg, ficou abandonado, tendo, inclusive, sofrido uma tentativa de ocupação. Assim, após um ano de negociações, em 2002 a família resolveu, por sugestão de Oswaldo Lopes Neto, diretor da empresa de vendas Imóveis no Centro SP, transformar o prédio em um edifício residencial. Após o processo de modificação de uso do imóvel na prefeitura, o prédio foi reformado, com a instalação de equipamentos de cozinha nos antigos quartos do hotel, que passaram a ser quitinetes com cerca de 48 m². Em 2005, os sessenta apartamentos foram vendidos em 32 dias,[5] abrindo uma nova frente de negócios no centro da cidade. O edifício mantém ainda hoje a balaustrada de madeira, característica de sua decoração, visível do lado de fora, através das janelas.

Também na avenida Vieira de Carvalho, 32, estava o Hotel Amazonas, bem em frente da escultura de bronze, com pedestal de granito, executada por João Batista Ferri (1896-1978), intitulada Índio Caçador (1939). Atualmente, após reformas, funciona no local o República Park Hotel.

---

[5] Cf. http://www.urbansystems.com.br/urbanview/urbanismo/hotsp.php. s/acesso 25-9-13. Acessado em 2-6-2009.

188 Imagens da hotelaria na cidade de São Paulo

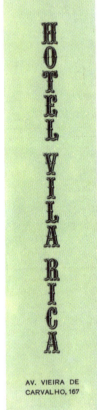

(*ao lado*)
Cartão-postal do Hotel Vila Rica, avenida Vieira de Carvalho, 167. Regaimuto Artes Gráficas, *c.* 1970.

(*abaixo*)
Foto do painel da entrada do antigo Hotel Vila Rica, *c.* 1967. O painel – um desenho em preto e branco, retratando a cidade de Ouro Preto, antiga Vila Rica – era a porta que dava acesso ao restaurante. Essa foi uma das marcas registradas do hotel, que o fazia se destacar na paisagem urbana. Com sua desativação, o painel foi retirado. Nesta imagem, autora do livro fotografada por Pedro H. Valenzuela Góngora. Acervo pessoal.

"São Paulo, a cidade que mais cresce no mundo"   189

(ao lado, à esquerda)
Foto atual da fachada do antigo Hotel Vila Rica. Onde hoje funcionam estabelecimentos comerciais, localizava-se o painel preto e branco que retratava a cidade de Vila Rica. Foto: Fernando Salinas.

(ao lado, à direita)
Detalhe da balaustrada de madeira que ainda decora a fachada do antigo Hotel Vila Rica. Foto: Fernando Salinas.

(acima)
Etiqueta de bagagem do antigo Hotel Amazonas, década de 1960.

(ao lado)
Fachada do antigo Hotel Amazonas, hoje República Park Hotel, com a escultura Índio Caçador. Foto: Fernando Salinas.

Lord Hotel, depois San Raphael

O Lord Hotel, situado no Largo do Arouche, 150, esquina com a avenida São João, localizava-se em um ponto privilegiado, entre a agitação da São João e a calma do Arouche. Em 22 de janeiro de 1974, passou a operar com o nome Hotel San Raphael. Permanece em funcionamento, oferecendo bons serviços, com seus 214 apartamentos, restaurante e estrutura para eventos. Também no largo do Arouche, em 1960, Fraud Zegaib, o Dinho, instalou o Dinho's Place, uma churrascaria cuja grife até hoje é bastante conhecida, incrementando ainda mais, juntamente com o tradicional mercado de flores (que está instalado naquele local desde 1953, quando

Etiquetas de bagagem do Lord Hotel, c. 1955.

(ao lado)
Cartão-postal do Lord Hotel, c. 1953. Atualmente, San Raphael Hotel.

Foto atual da fachada do San Raphael. Acervo pessoal.

o prefeito Armando de Arruda Pereira transferiu os vendedores da praça da República para o largo), com o restaurante francês La Cassarole (fundado em 1954 pelo casal Fortunée David Cante e Roger Henry)[6] e com a praça do largo do Arouche (que conta com a escultura de bronze de Victor Brecheret, intitulada *Depois do banho*), ponto de atração turística do centro.

---
[6] Revista *Veja São Paulo*, ano 42, nº 29, p. 17. Seção Memória Paulistana.

Hotel Caravelas

O Hotel Caravelas, em funcionamento, desde 1966, na rua Pedro Américo, 23, destacava à época de sua inauguração a proximidade com o Cine Metro, referência dos áureos tempos da Cinelândia.[7] Hoje, a localização ainda é um diferencial, conforme anúncio: o hotel fica "no coração de São Paulo, próximo ao Metrô República".[8]

Hotel Rojas e Amália Hotel

A vida cultural de São Paulo era efervescente no final da década de 1970: Gal Costa apresentava-se no antigo Teatro Vereda, na rua Frederico Steidel; Milton Nascimento no Teatro Gazeta, hoje auditório da TV Gazeta; *Hair* e *O balcão* estavam em cena no Teatro Aquarius e no Ruth Escobar, respectivamente. Na época, o Hotel Rojas e o Amália Hotel eram bastante frequentados por artistas, mesmo porque constituíam pontos de encontro, já que muitos que faziam temporadas em São Paulo praticamente moravam lá. Hoje o Hotel Rojas, com seus 68 apartamentos, opera com o nome de Rojas All Suíte Hotel, na avenida São João, 1.399.

Lord Palace Hotel

Aberto em 1958, na rua das Palmeiras, 78, esquina com a rua Helvétia, o Lord Palace Hotel foi considerado, ao longo das décadas de 1950 e 1960, um estabelecimento de luxo, frequentado por artistas que visitavam os estúdios da rádio Nacional, bem como os da TV Paulista, que também ficavam na rua das Palmeiras até o incêndio de 1969.

A região de Santa Cecília era bastante elegante; o largo de Santa Cecília concentrava a elite, que também frequentava a missa da igreja de Santa Cecília. O Lord Palace estava cercado por estabelecimentos de renome, como a doceira Paulista (hoje não mais existente), a loja de departamentos Exposição Clipper (prédio hoje ocupado por um grande banco), escolas, hospitais, além de situar-se na proximidade de Higienópolis. O público que o Lord atendia era exigente.

Por causa da degradação urbana da região, o hotel encerrou suas atividades em 2004. Em 29 de outubro de 2012, o prédio foi ocupado por movimentos sociais que lutam por moradias populares.

Etiqueta de bagagem do Hotel Caravelas, ainda em funcionamento. A etiqueta ressalta a proximidade com o Cine Metro.

Cartão do Amália Hotel, década de 1960; local requisitado entre os artistas, ainda em funcionamento.

---

[7] Cf. http://www.caravelashotel.com.br/. Acesso em 2-1-2012.
[8] *Ibidem*. Acesso em 12-2-2013.

"São Paulo, a cidade que mais cresce no mundo" 193

Cartão-postal do antigo
Lord Palace Hotel, rua das
Palmeiras, 78, c. 1958.

Hotel Planalto

O Hotel Planalto, localizado na avenida Cásper Líbero, 117, num prédio de 27 andares, com 261 apartamentos, continua em funcionamento, sob a bandeira Dan Inn Planalto Hotel. Um dos diferenciais do antigo Hotel Planalto era a "garagem automática", que guardava os automóveis dos hóspedes nos primeiros andares do edifício, além de um *coffee shop*, *american bar* e, como anunciava o verso do cartão-postal, a garantia de que "todos os apartamentos têm TV e Geladeira". Hoje opera como um hotel para a realização de eventos e hospedagem para viagem de negócios, em especial para compras na região central da cidade de São Paulo.

(acima)
Cartão-postal do Hotel Planalto, avenida Cásper Líbero, 117. Lê-se no verso: "Bem no coração de São Paulo." Edicard São Paulo, c. 1975.

(ao lado)
Vista Parcial da avenida Ipiranga, a partir da confluência com a avenida Cásper Líbero, c. 1970. Em destaque, à esquerda, o edifício Montreal, projetado por Oscar Niemeyer. Inicialmente, em 1951, a proposta era que ali se instalasse um hotel; essa destinação, porém, foi rejeitada, e o projeto aprovado como edifício de 230 apartamentos para moradia. À direita, o prédio redondo que hoje abriga o Poupatempo Luz, inaugurado em 1998. O edifício alto, à esquerda do Montreal, é o do Hotel Planalto. As silhuetas do Edifício Itália e do Hilton já fazem parte da paisagem ao fundo. Cartão--postal impresso por Mercator.

Hotel Normandie

O Hotel Normandie, inaugurado em 1964 em um edifício de quinze andares, na avenida Ipiranga, 1.187, classificado como quatro estrelas, dispõe de 173 apartamentos, *room service* 24 horas, além de restaurante, bar, salões para reuniões e banquetes.

Depois de passar por reformas em 2001, adotou o conceito de *hotel design*. Segundo o *site* do hotel, esse conceito surgiu na cidade de Nova York, nos anos 1990, quando o Hotel Paramount, na Broadway, foi reformando pelo designer francês Philippe Starck. O antigo hotel recebeu um "design arrojado, uma arquitetura inovadora e um atendimento diferenciado".[9] Esses aspectos determinaram também a mudança de nome para Normandie Design Hotel. Foi o primeiro hotel do Brasil a adotar essa categoria.

Hotel Pão de Açúcar

Instalado em um edifício moderno, de nove andares, revestido com pastilhas acinzentadas, situado na rua Conselheiro Nébias, 314, esquina com a rua Vitória, o Hotel Pão de Açúcar foi um estabelecimento que oferecia bons serviços. Dispunha de 77 apartamentos, restaurante, lavanderia e garagem no próprio hotel. No entanto, devido à decadência da região central da cidade, suas atividades foram encerradas em 2002. Assim como outros hotéis abandonados no centro de São Paulo, o prédio foi ocupado por integrantes de movimentos sociais em novembro de 2011 e desocupado novamente. O antigo Hotel Pão de Açúcar consta da lista da prefeitura de edificações que devem ser convertidas em moradias populares, e começa a ser reformado. (Burgarelli, 2011).

(*à esquerda*)
Etiqueta de bagagem do Hotel Pão de Açúcar, na rua Conselheiro Nébias, 314.

(*à direita*)
Etiqueta de bagagem Hotel Pão de Açúcar, c. 1970.

---

[9] http://www.normandiedesign.com.br/institucional/hotel-design. Acesso em 3-1-2012.

Artemis Hotel

O Artemis Hotel, localizado na rua Barão de Limeira, 44, próximo à praça Júlio Mesquita, foi inaugurado em 1954, tendo como grande atrativo o local privilegiado em que operava, junto ao centro da cidade e, em especial, da praça Júlio Mesquita e da Cinelândia. O hotel continua em atividade.

Hotel Nobilis

Inaugurado no final da década de 1960, na rua Santa Ifigênia, 72, o Hotel Nobilis é um quatro estrelas que dispõe de 160 apartamentos, estrutura de lazer, serviços de bar e restaurante, entre outros. Permanece em funcionamento, com o nome Hotel Nobilis Express.

(no alto)
Etiqueta de bagagem do Artemis Hotel, c. 1955.

(acima)
Etiqueta de bagagem do Artemis Hotel (c. 1960); o estabelecimento ainda está em funcionamento.

Hotel Nobilis, na rua Santa Ifigênia, 72. No verso deste cartão-postal da década de 1970 constam seus diferenciais: "sauna, solarium, boate, restaurante, salão de convenções".

"São Paulo, a cidade que mais cresce no mundo" 197

Vista aérea do viaduto Santa Ifigênia. Cartão-postal, final da década de 1970.

São Paulo, a grande metrópole

Entre as décadas de 1940 a 1960, o progresso e a efervescência cultural da avenida São João expandem-se pela avenida Ipiranga, ganham o entorno da praça da República e chegam à região da Consolação. O comércio, as facilidades de transporte, os investimentos na ampliação de ruas contribuíram para a verticalização e construção de imóveis de luxo.

O prédio que marca o início da verticalização próximo à praça da República é o edifício de apartamentos Esther (1936-1938); posteriormente foram erguidos outros nove prédios residenciais na avenida São Luís.

O Museu de Arte de São Paulo (MASP) é fundado em 1947 por Assis Chateaubriand (1892-1968), proprietário dos *Diários Associados*, e por Pietro Maria Bardi (1900-1999), ocupando um andar do edifício do jornal, na rua Sete de Abril.

Em setembro de 1950, Assis Chateaubriand – ou Chatô, como era conhecido – financia a primeira transmissão de televisão no Brasil, ao instalar um receptor na sede do MASP. A novidade introduzida no Brasil por Chatô fez dele um magnata da comunicação; afinal, além da mídia impressa, possuía também emissoras de rádio e a TV Tupi.

No início dos anos 1960, São Paulo é marcada pela expansão urbana que vai transferindo ou redistribuindo atividades econômicas em direção à avenida Paulista, às ruas da Consolação e Augusta e à avenida Brigadeiro Luís Antônio, gerando "um novo movimento que definiria a avenida Paulista como seu novo foco de centralidade" (Frúgoli Jr., 2000, *apud* Spolon, 2007).

Após a ampliação da avenida São Luís, em 1965, foi inaugurado o Edifício Itália, marco na região central da cidade. Localizado na avenida Ipiranga, 344, onde anteriormente ficava o casarão pertencente ao Circolo Italiano, o edifício Itália possui, no 42º andar, um dos restaurantes mais famosos da cidade, o Terraço Itália, que conta com um terraço de onde é possível desfrutar de uma vista privilegiada do espaço urbano, com os helicópteros passando, inclusive, abaixo dos olhos do observador.

O MASP ganha, em 1968, novo endereço, agora na avenida Paulista, no espaço antes ocupado pelo Belvedere Trianon, num empreendimento de Assis Chateaubriand, Pietro Maria Bardi, sendo o edifício projetado por Lina Bo Bardi (1914-1992). Dois anos depois, o pavilhão de exposições do Anhembi, com área total de 67.000 m², é aberto com o VII Salão do Automóvel (realizado desde 1960 no Parque do Ibirapuera), feira que atrai milhares de pessoas a São Paulo.

200 Imagens da hotelaria na cidade de São Paulo

Avenida Ipiranga com avenida São Luís, antes da construção do Edifício Itália, década de 1940. Em destaque, à direita, os edifícios residenciais da avenida São Luís.

Cartão-postal, década de 1970. Vista do centro de São Paulo, tendo em primeiro plano a praça da República e a então Escola Caetano de Campos (hoje, Secretaria da Educação), com destaque para os edifícios Itália e Copan. À direita, a silhueta característica do São Paulo Hilton Hotel.

São Paulo, a grande metrópole 201

(acima)
Cartão-postal da avenida Nove de Julho. Ao fundo, o Museu de Arte de São Paulo, década de 1960.

(ao lado)
Cartão-postal do largo São Bento: igreja, mosteiro e estação de metrô, c. 1980, editado pela Mercator.

Em 1976 é aberto o Centro Empresarial de São Paulo, na avenida João Dias, próximo à marginal do Pinheiros, considerado o maior da América Latina.

Ainda na década de 1970, inauguram-se as primeiras estações de transporte metroviário: estação Jabaquara, em 14 de setembro de 1974; estações São Bento e Luz, em 26 setembro de 1975; estação Sé, 17 de fevereiro de 1978.

São Paulo Hilton Hotel

Inaugurado em grande estilo, em 1971, com um *show* de Roberto Carlos, o São Paulo Hilton Hotel tornou-se cartão-postal da cidade. Situado na avenida Ipiranga, 165, o edifício de 32 andares, projetado pelo arquiteto Mário Bardelli, ocupa uma área de 34.722 m^2. Sua torre cilíndrica se destaca na paisagem urbana pelas cores claras em oposição ao cinza dos demais edifícios. O hotel, um cinco estrelas, contava com quatrocentos apartamentos, uma joalheria, piscina, sauna, centro de convenções, um teatro com capacidade para 420 pessoas no térreo, além de um restaurante de padrão internacional – o Harvest, comandado pelo *chef* baiano Adauto Rodrigues, que também comandava a London Tavern, um bar estilo inglês que funcionava no térreo do hotel (Podanovski, 1988: 206, 209).

Vale dizer que o bufê de feijoada foi inventado no Hilton por Ricardo Tápia, em parceria com José Luís Sousa Moreira (o Sousa), que em 1977 era gerente de alimentos e bebidas. Segundo Podanovski (*ibid*.: 112-113), não há dúvida de que "a inovação Tápia-Sousa foi passo importante na evolução da feijoada em busca de um lugar no cardápio internacional".

Uma contribuição importante ao ramo hoteleiro proporcionado pela chegada da rede Hilton ao Brasil foi a implantação do sistema americano de governança, que, até então, era executado sem um treinamento específico para esse fim. Para implantar e gerenciar a governança do Hilton, Ilze Dreher, assim como outros dois gerentes do hotel, receberam treinamento em Montreal, Canadá, para que o hotel tivesse o sistema-padrão utilizado na Europa e nos Estados Unidos.[1] Dona Ilze, como era conhecida, foi a responsável pela governança do Hilton por 26 anos.

A "Torre de Pisa vestida de noiva", como apelidada pelo músico e compositor Tom Zé, na letra de "A Briga do Edifício Itália e do Hilton Hotel", de 1972,[2] teve,

---

[1] Mais informações sobre a história da governança podem ser obtidas em http://www.pronettho.com.br/v1/noticia.php?id=102. Acesso em 11-12-2011.

[2] Para Tom Zé, a inauguração do prédio do Hilton Hotel provocou impacto visual, já que "não havia prédio branco em São Paulo", segundo ele, e, "como as noivas é que se vestem de branco, pensei que havia uma feminilidade aí. E que o Edifício Itália devia estar com ciúme, porque ele é muito másculo". Esse é, portanto, o mote da música composta em 1972. Disponível em http://vejasp.abril.com.br/revista/edicao-2155/desembargadores-mudam-se-para-antigo-hilton. Acesso em 11-12-2011.

São Paulo, a grande metrópole **203**

Vista noturna do São Paulo Hilton, c. 1975. Cartão-postal editado pela Ambrosiana.

Etiqueta de bagagem do São Paulo Hilton Hotel, década de 1970.

204 Imagens da hotelaria na cidade de São Paulo

São Paulo Hilton Hotel, década de 1970. São Paulo Turístico, editado por Litoarte.

Etiqueta de bagagem do São Paulo Hilton Hotel, c. 1980.

Vista noturna da cidade com destaque para os edifícios Copan e Hilton, década de 1980. Cartão-postal editado por Mercator.

Vista aérea da avenida Ipiranga; quarteirão entre a avenida São Luís e a rua da Consolação. Cartão-postal, década de 1980.

entre seus hóspedes ilustres, o ex-Beatle George Harrison, o ex-presidente Luís Inácio Lula da Silva, ícones hollywoodianos como Raquel Welsh e John Travolta, entre muitos outros, além de políticos e personalidades conhecidas no Brasil e no mundo. Talvez o momento de maior alvoroço causado no hotel tenha sido a presença, em 1985, do grupo porto-riquenho Menudos, cujas fãs, em sua maioria adolescentes, ocuparam toda a avenida Ipiranga, interditando essa via de acesso, pois aguardavam que algum dos rapazes do grupo fosse até a porta do hotel ou, ao menos, se aproximasse das janelas, o que causava desmaios entre as jovens ali presentes. A partir dessa visita, a hotelaria paulistana entendeu que não mais hospedaria o grupo num único hotel, dividindo assim fãs e os problemas que causavam.

Em virtude da degradação do centro e da abertura de novas áreas empresariais na cidade, o Hotel Hilton transferiu-se, em 2004, para um edifício na região do Brooklin, próximo à avenida Engenheiro Luís Carlos Berrini e à marginal do rio Pinheiros, onde opera até hoje.

Foi somente no início de 2010 que o edifício abandonado teve sua nova ocupação definida: após longo tempo de reforma, em março de 2011 o edifício passou a abrigar o Tribunal de Justiça de São Paulo. O espaço foi adaptado para receber 126 gabinetes de trabalho de desembargadores das câmaras de Direito Público, juízes substitutos em segundo grau, unidades administrativas e de apoio aos gabinetes, além de serviços gerais.

Brazilian Palace Hotel

Localizado na avenida Ipiranga, 925, num prédio de quinze andares, o Brazilian Palace Hotel era um quatro estrelas com 43 suítes, que teve seu apogeu nos anos 1970. Sua publicidade anunciava apartamentos de luxo, suítes, restaurantes, salão de festas, de convenções e de banquetes, sauna, boate, *coffee shop*, estacionamento e, como diferencial, vista panorâmica e videocassete nos apartamentos.[3]

Edifício do antigo Brazilian Palace Hotel, em reforma, novembro de 2012. Foto: Fernando Salinas.

Com o deslocamento da hotelaria de luxo para a região da Paulista, o hotel foi fechado no final da década de 1980. De lá para cá, o prédio funcionou como hospedaria, transformou-se em bingo, foi novamente fechado e, depois, abandonado por mais de dez anos. Segundo Burgarelli (2011), o edifício integraria a lista de desapropriações da prefeitura para conversão à finalidade de habitação: os apartamentos de seus quinze andares, reformados, passariam a ser quitinetes. Em novembro de 2010, foi ocupado por integrantes de movimentos sociais que reivindicam moradias populares. Porém, em agosto de 2012, foi evacuado pela polícia, visto que o

---

[3] *São Paulo Guia Turístico*. Guide-book, 1986, p. 324.

proprietário – cujo nome não foi informado pela Secretaria da Habitação – obteve uma liminar na Justiça a favor da retomada do prédio.

Atualmente, o edifício passa por reformas, mas não há informações que confirmem se os apartamentos serão de fato destinados à moradia popular.

Hotel Brasilton

O Hotel Brasilton, na rua Martins Fontes, 330, foi inaugurado no final da década de 1970, operado pela Hilton International's Brazilian Subsidiary. Classificado na época como cinco estrelas, manteve esse nome até o final da década de 1980. Ainda hoje em atividade, sob a bandeira da Travel Inn Braston São Paulo, conta com 250 apartamentos, um *coffee shop* – inaugurado em 1976 –, os restaurantes Taverna Terraço e O Braseiro, piscina, pisos reservados para clientes não fumantes, *fitness* e demais serviços, além de ampla área equipada destinada a convenções e reuniões, que sempre ganharam destaque nos textos de divulgação.

(acima)
Etiqueta de bagagem do Brasilton São Paulo Hotel, c. 1980.

(abaixo)
Hotel Brasilton São Paulo, mostrando o restaurante, o lobby e recepção do hotel. Folheto promocional, c. 1977.

Hotel Eldorado

O Hotel Eldorado, na avenida São Luís, 234, inaugurado em 1973, foi construído no local onde ficava um dos últimos casarões a resistir ao crescimento urbano naquela avenida: o antigo solar da família do embaixador Macedo Sores. Operando hoje com o nome Eldorado Boulevard, esse quatro estrelas possui 155 apartamentos, room service 24 horas, piscina, infraestrutura para convenções, restaurante – aberto em junho de 1987 – com sistema de *buffet* (almoço) e *à la carte* (jantar), além do Café do Boulevard, que funciona 24 horas.

Vista noturna do Hotel Eldorado, avenida São Luís, 234, no final da década de 1980. Cartão-postal da Mercator.

Etiqueta de identificação de bagagens em depósito. Hotel Eldorado, 1980.

Hotel Bourbon

O Hotel Bourbon, sediado na avenida Vieira de Carvalho, 99, foi inaugurado em 1983, após grande reforma, num edifício que é um marco da cidade de São Paulo.

O prédio foi um dos primeiros trabalhos do arquiteto Alfredo Mathias, o mesmo que projetou o Shopping Center Iguatemi. Construído no pós-guerra, foi concebido para abrigar a condessa Leonor de Camilis Spezzacatena, que se refugiara em São Paulo para escapar à Segunda Guerra Mundial. Por esse motivo, o edifício contava com um abrigo antiaéreo no subsolo, com quartos, banheiros, cozinha e paredes de 25 cm de concreto ciclópico – que também é empregado em barragens de usinas hidrelétricas.[4]

Entretanto, além do abrigo antiaéreo e da preocupação com a guerra, que ele tornava explícita, o luxo também se fazia presente, sobretudo nos mármores de Carrara e nos liozes portugueses usados para revestimento. Com a morte da condessa, que ocupava o edifício inteiro, houve problemas com o espólio, o prédio foi vendido e, posteriormente, vieram as disputas entre o novo proprietário e os estabelecimentos comerciais que ocuparam o térreo.

Assim, em 1978 o empresário paranaense Alceu Antonio Vezozzo Filho (atualmente presidente da Bourbon Hotéis e Resorts)[5] adquiriu o prédio e deu início às reformas na parte superior. Em 1982, foram concluídas as reformas neste edifício de onze andares, que ganhou 122 apartamentos, um restaurante, sauna, piano-bar (que ocupou o antigo abrigo antiaéreo) e centro de convenções.

Etiqueta de bagagem da Rede Bourbon, *c.* 1980.

Etiquetas de depósito de bagagem do Hotel Bourbon, *c.* 1980.

---

[4] "Prédio histórico vira hotel e valoriza centro da cidade", em *O Estado de S. Paulo*, Empresas, São Paulo, 15-1-1985.
[5] "Entrevista com Alceu Vezozzo Filho – Presidente da Bourbon Hotéis e Resorts". Disponível em http://www.revistahoteis.com.br/materias/5-Entrevista/11527-Entrevista-com-Alceu-Vezozzo-Filho-Presidente--da-Bourbon-Hoteis-Resorts. Acesso em 15-5-2013.

210 Imagens da hotelaria na cidade de São Paulo

Fachada do Hotel Bourbon, janeiro de 2013. Foto: Fernando Salinas.

Portão do Hotel Bourbon. Foto: Fernando Salinas.

A hotelaria pulsa na Paulista

Caesar Park Hotel

Erguido pela Construtora Guarantã (fechada em 1987), o Caesar Park Hotel, localizado na rua Augusta, 1.508, foi inaugurado em 1976 e vendido, em 1987, à empresa japonesa Aoki Construction, em razão da falência da Guarantã. Aliás, uma filial do Caesar Park que, desde 1985, estava sendo construída em Brasília, teve suas obras suspensas e o terreno, com o esqueleto do prédio, foi vendido, na época, para o então Banco de Crédito Nacional (BCN).[6]

Além de fazer jus à categoria cinco estrelas, o hotel passou a investir numa clientela crescente: a de empresários japoneses. Assim, na cobertura do Caesar Park, foi inaugurado, em 1984, o restaurante Mariko, sob a direção de Kinoshita *san*, que oferecia um cardápio de qualidade, num ambiente requintado, com serviço de primeira. Entre seus hóspedes estavam também políticos, chefes de Estado, celebridades do mundo artístico, do *jet set* internacional, intelectuais renomados, que desfrutavam do restaurante francês *Le Caesar*, ouviam música ao vivo no *coffee shop*, deleitavam-se com a tradicional feijoada oferecida aos sábados e com o *brunch* aos domingos. O Caesar Park Hotel primava pelo conforto, qualidade e refinamento, observado em cada detalhe, seguindo a filosofia empresarial da sra. Chieko Aoki, então presidente dos hotéis Caesar Park, hoje fundadora e presidente

Cartão-postal promocional do Caesar Park Hotel, São Paulo, *c.* 1985. Fotos de Luis Cersosimo. Destaque para a fachada e silhueta do Hotel, as esculturas promovendo o MASP e sua proximidade com o hotel, e a decoração do lobby.

---

[6] O BCN foi comprado pelo Bradesco na década de 1990.

da rede Blue Tree Hotels, considerada pela revista americana *Forbes*,[7] em junho de 2013, como a segunda mulher de negócios mais importante do Brasil.

Desativado em 2003, o edifício foi adquirido por uma faculdade particular.

Etiqueta de bagagem do Caesar Park Hotel São Paulo, década de 1980.

Etiqueta de bagagem do Hotel Caesar Park São Paulo, c. 1980.

(*à esquerda*)
Adesivo comemorativo dos 10 anos do Caesar Park Hotel.

(*à direita*)
Etiqueta comemorativa de 15 anos do Caesar Park Hotel.

---

[7] Forbes, "The 10 most powerful businesswomen in Brazil", disponível em: http://www.forbes.com/pictures/eglg45fkdle/no-2-chieko-aoki-3/. Acesso em 23-10-2013.

São Paulo, a grande metrópole 213

Cartão-postal do Caesar Park Hotel comemorando os 80 anos da imigração japonesa.

Cartão-postal com detalhe da decoração do Hotel Caesar Park São Paulo.

Cardápio da ceia de *réveillon* do Caesar Park São Paulo, 31 de dezembro de 1996, autografado: "Ao amigo Pedro (H. Valenzuela Góngora) com infinito carinho e estima do *chef* Luiz Barbosa. São Paulo 31-12-96".

(abaixo)
Cartão promocional Diners Club Internacional e Caesar Park.

Maksoud Plaza Hotel

Numa torre de 25 andares, com 416 apartamentos, incluindo as suítes, o Maksoud Plaza Hotel foi inaugurado em dezembro de 1979, por Henry Maksoud, na alameda Campinas, 150. O projeto arquitetônico distribuía os diferentes andares ao redor de um átrio central, proporcionando uma visão panorâmica interna do hotel. Na época, a grande novidade foram os elevadores envidraçados, que permitiam uma visão da cidade e também do interior do hotel, cuja decoração impactava por sua grandiosidade: esculturas de Maria Bonomi adornavam o espaço interno, enquanto uma grande fonte luminosa realçava a parte frontal da entrada do edifício. A decoração, impecável, também se tornou uma de suas marcas registradas.

O hotel mantinha à disposição dos hóspedes o Arlanza Grill, um espaço de alto padrão para degustação de carnes grelhadas, e o Cuisine du Soleil, um restaurante de luxo com menu baseado na *nouvelle cuisine*, sob direção do *chef* Roger Vergé, conhecido como o "papa do Moulin Mougins francês" (Podanovski, 1988: 27-28). Além desses dois espaços gastronômicos, o Maksoud contava com o Mezzanino (comida japonesa), Vikings (buffet escandinavo) e a Brasserie Bela Vista.

O Vikings oferecia o Koldtbord, um buffet de pratos frios, com grande variedade de peixes defumados, carnes, embutidos, queijos, além de alguns pratos quentes. Para garantir a qualidade da cozinha, o Maksoud trouxe Ida Davidsen, proprietária de um dos restaurantes mais conhecidos de Copenhagen, para supervisionar e diversificar o cardápio. A *chef* vinha periodicamente ao Brasil para garantir a qualidade dos pratos dinamarqueses preparados no Vikings.

Entre os clientes, muitos famosos: Frank Sinatra, Catherine Deneuve, Alain Delon, Julio Iglesias, Axl Rose (vocalista do grupo Guns N' Roses, que em 1992 lançou pela janela uma cadeira que caiu no centro do átrio), além de muitos políticos (por exemplo, quando houve o *impeachment*, o ex-presidente Fernando Collor esteve durante meses hospedado no hotel, após retornar dos Estados Unidos), empresários e artistas brasileiros, como João Gilberto (Lobato, 2011).

Entretanto, em 2008, devido a dívidas trabalhistas, o edifício do hotel foi penhorado pela Justiça do Trabalho. Assim, apesar de todo o *glamour* que sempre foi sua marca, o prédio foi a leilão, com lance inicial de R$ 47 milhões (Mattiussi, 2009). Devido, justamente, às questões legais enfrentadas, não houve interessados.[8]

Em maio de 2011, o proprietário Henry Maksoud divulgou inovações para o hotel, que ganhou mudanças em sua fachada, a implantação de um heliporto para aparelhos de grande porte, além de um novo elevador e de novo espaço para um bar-café.

---

8 Cf.: http://www1.folha.uol.com.br/cotidiano/1009032-atolado-em-dividas-maksoud-plaza-vai-a-leilao-na-quinta-feira.shtml. Acesso em 10-5-2013.

Maksoud Plaza Hotel.
Alameda Campinas, 150.
Década de 1980.

Maksoud Plaza São Paulo.
Fachada e interiores do Hotel.
Série MP-1/058A.

São Paulo, a grande metrópole 217

O Hotel Maksoud tem 43,5 mil m² de área construída e 2.000 m² de vegetação. A fachada, segundo Henry Maksoud (Lobato, 2011), recebeu um "efeito Pollock", com cores fortes, além de iluminação de LED.

Contudo, embora as dívidas trabalhistas já estivessem sendo saldadas, outras questões jurídicas fizeram com que o imóvel fosse leiloado em novembro de 2011, pelo lance mínimo de 70 milhões de reais, apesar de avaliado em 140 milhões.[9] Após tentativas frustradas de anular o leilão, hoje o estabelecimento continua em atividade, nas mãos da Júlio Simões Logística (JLS), oferecendo conforto e serviços de qualidade, com destaque para o centro gastronômico, composto de quatro restaurantes e cinco bares, e para o pavilhão de eventos.

(no alto)
Maksoud Plaza São Paulo.
Fachada e interiores do Hotel.
Série MP-1/058.

(acima)
Etiqueta de bagagem do Hotel
Maksoud Plaza, c. 1980.

---

[9] Cf. revista *Exame*, 24-11-2011. http://exame.abril.com.br/negocios/noticias/maksoud-plaza-e-arrematado-em-leilao-por-r-70-milhoes/. Acesso em 9-3-2013.

Crowne Plaza

O Hotel Holiday Inn Crowne Plaza, na rua Frei Caneca, 1.360, a 50 metros da avenida Paulista, foi inaugurado em setembro de 1985 e encerrou suas atividades em maio de 2008, devido à venda do prédio, que não pertencia à rede que o administrava. Hotel cinco estrelas, contava com 220 apartamentos e, no lobby, com um restaurante internacional estilo *brasserie*, que se tornou famoso por sua feijoada aos sábados e pelo *Family Brunch* aos domingos (Podanovski, 1988: 207-208). A piscina oferecia vista panorâmica e os apartamentos de luxo tinham tratamento acústico.

Além disso, o teatro do hotel tornou-se referência na noite paulistana. Atualmente, o edifício pertence ao Ministério Público Federal.

Cartão-postal da avenida Paulista, *c.* 1980. No destaque, o Hotel Holiday Inn Crowne Plaza, década de 1980.

Etiqueta de depósito de bagagem do Hotel Holiday Inn Crowne Plaza.

Tivoli São Paulo Mofarrej

Localizado na alameda Santos, 1.437, o Mofarrej foi inaugurado em março de 1986 por Nassif Mofarrej (1917-1988), seu proprietário, que negociou o sistema operacional com a Sheraton Corporation, por meio de um contrato de arrendamento com duração de vinte anos. Mais tarde, passou a ser administrado pelo grupo Meliá e hoje opera com a bandeira Tivoli. Este hotel, com 220 apartamentos, oferece todo o conforto de um cinco estrelas, incluindo um heliporto na cobertura, piscinas, sauna, espaço de lazer para crianças, sala de fisioterapia, spa, infraestrutura completa para convenções e eventos, serviços de bar e dois restaurantes, o Bistrô Tivoli e o Arola Vintetres, comandado pelo *chef* espanhol Sergi Arola. Localizado no 23º andar, esse espaço gastronômico substituiu o antigo restaurante Vivaldi, de cozinha internacional afrancesada (*ibid.*, p. 37); conta com piano ao vivo e um espaço privilegiado, com grandes janelas que dão para o Parque Trianon – à noite, através de suas enormes vidraças, é possível captar uma vista panorâmica da avenida Paulista. Um destaque na inauguração foram as facilidades oferecidas aos clientes, que podiam dispor de antena parabólica, circuito fechado de tevê além de serviços de informática, novidade na época.

Em 2003, a administração do hotel foi substituída pelo grupo espanhol Sol Meliá, que em 2007 encerrou a parceria. Atualmente, o hotel pertence ao grupo internacional Tivoli Hotels & Resorts e opera como Tivoli São Paulo – Mofarrej, mantendo o excelente padrão nos serviços e instalações.

Etiqueta de bagagem do Mofarrej Sheraton Hotel, c. 1980.

Hotel Augusta Boulevard, Carillon Plaza Hotel e Hotel Pan Americano

A Rede Pan de Hotéis iniciou suas atividades em 1976, com a inauguração do Hotel Augusta Boulevard, de categoria quatro estrelas, situado na rua Augusta, 843. O hotel, reformado em 1995, ainda está em atividade. Dispõe de oitenta apartamentos/suítes, restaurante de cozinha internacional, do Tasco Bar & Cia, e de um centro de convenções para seiscentas pessoas.

O Carillon Plaza Hotel, aberto em 1982, é um três estrelas; de porte médio, localiza-se na rua Bela Cintra, 652. Dispõe de 49 apartamentos, piscina, sauna e *coffee shop*.

O Pan Americano, localizado na rua Augusta, 778, em operação desde 1988, possui 150 apartamentos/suítes, restaurante e um centro de convenções como capacidade para até novecentas pessoas.[10]

Nas peças de divulgação dos três hotéis, o principal diferencial destacado, além dos centros de convenções, é a localização, pois a proximidade com a avenida Paulista permite aos hóspedes a facilidade de deslocamento e diversidade de opções para lazer.

Cartão de identificação de bagagem do Carillon Plaza Hotel, década de 1980.

---

[10] Rede Pan de Hotéis. Disponível em http://www.redepandehoteis.com.br/AUGUSTABOULEVARD/empresa.html. Acesso em 3-1-2012.

Dois hotéis fora do eixo centro-Paulista

Hotel Transamérica

O Hotel Transamérica, localizado na avenida das Nações Unidas, 18.591, está em funcionamento desde novembro de 1984. Construído com incentivos fiscais da Embratur e empreendido inicialmente pela Companhia Real de Hotéis (pertencente ao antigo Banco Real), foi um projeto controverso, pois toda a hotelaria cinco estrelas até então se concentrava na região central e na área da avenida Paulista. O Transamérica foi o primeiro hotel de categoria internacional que acreditou numa região, na época, apenas industrial, mas que dispunha de grandes terrenos, o que permitia uma futura expansão. E foi justamente isso o que ocorreu com seus 46.000 m² iniciais. Aluísio Faria, principal acionista do Banco Real na época da inauguração, declarou que preferiu dar o nome de Transamérica ao seu novo hotel cinco estrelas porque esse era também o nome da rádio FM que possuía em São Paulo.[11] Embora criticada por ser fora de mão, Aluísio Faria defendia a localização diferenciada do hotel, alegando que posicionar o estabelecimento na marginal do rio Pinheiros atenderia outros clientes, como grandes empresas e fábricas situadas na região.

No início, eram duzentos apartamentos e dez salas de convenções, estrutura de lazer completa, incluindo um inédito campo de golfe e heliporto. Em 1993, a primeira reforma acrescentou outros duzentos apartamentos (dentre eles dez suítes e uma suíte presidencial), salas moduláveis para convenções, com capacidade para receber até 3.500 pessoas, auditório com duzentos lugares e estacionamento com mil vagas.

Desde sua inauguração, o hotel já contava com o elegante restaurante bufê Anturius (com 96 lugares e cuja decoração privilegia as flores que dão nome ao espaço) e com o Blooming (sofisticado restaurante *a la carte*, com piano ao vivo, no térreo do hotel). Hoje, além do Anturius, há também o restaurante Verbena, de cozinha contemporânea, e o Piano Bar, com vista para o campo de golfe. O hotel dispõe de 15.000 m² de área verde, quadras de tênis, minicampo de golfe, pista de corrida e piscina aquecida; saunas, salas de musculação e massagem e duchas circular e escocesa, entre muitos outros serviços que propicia a seus hóspedes.[12]

O restaurante já promoveu diversos festivais gastronômicos com grandes *chefs* internacionais. A cozinha está a cargo de Dirceu Félix e Mataró. Há também o Pátio das Flores, um espaço que oferece pratos rápidos e bufê.

---

[11] Cf. Revista *Senhor*, nº 191, 14-11-1984, p. 74.

[12] Disponível em http://www.transamerica.com.br/Default.aspx?pageid=0A69A3A72AA49AA71A14A53 AA70A Acesso em 3-1-2012.

O certificado de Qualidade Total, que atende à norma ISO 9002 foi recebido pelo hotel em 28-6-1996, e o certificado referente à norma ISO 9001/2008.[13]

Nikkey Palace Hotel

Inaugurado em junho de 1981, o Nikkey Palace Hotel situa-se na rua Galvão Bueno, 425, no bairro da Liberdade, e foi classificado com quatro estrelas. Com uma área de 2.800 m², está instalado em edifício de 16 pavimentos, contando com 100 apartamentos, 2 suítes de luxo, restaurante, espaço para eventos e convenções, sauna e piscina. No início, funcionava no hotel o Le Rouge et Le Noir, um restaurante internacional afrancesado, além do Tsubaki, de cozinha japonesa, e o Memories Piano Bar. Hoje, porém, conta unicamente com o Makoto, de culinária japonesa. Ainda em funcionamento, o Nikkey mantém-se ligado às tradições da colônia japonesa.

(*acima*)
Nikkey Palace Hotel, *c.* 1980.
O verso do postal informa: "Localizado no bairro oriental da Liberdade, o Nikkey Palace Hotel mantém, em suas dependências, o típico restaurante japonês Tsubaki". Ed. Cine-A Cód.701.010

(*abaixo*)
Etiqueta de bagagem do Nikkey Palace Hotel, *c.* 1980.

---

[13] *Ibidem.*

Considerações finais

> *Da nossa Praça da Sé de outrora*
> *Quase que não tem mais nada*
> *Nem o relógio que marcava as horas*
> *Pros namorados*
> *Encontrar com as namoradas*
> *Nem o velho bonde*
> *Dindindindindindin...*
>
> Adoniran Barbosa, "Praça da Sé"[1]

Inicialmente, São Paulo oferece pouso aos tropeiros; a Academia de Direito impulsionou a cidade, trazendo-a para o eixo cultural ainda incipiente dos anos pós-independência, com a chegada de jovens e a necessidade de diversificação de atividades sociais; a cultura do café torna-se decisiva como contribuição econômica e política e, em consequência, a estrada de ferro agiliza o ir e vir da mercadoria e também daqueles que, pela necessidade de mão de obra, imigram para o Brasil e que, depois do porto de Santos, estabelecem-se na província, gerando um aumento populacional e a criação de novas demandas para esses novos habitantes.

No século XX, vem a industrialização, a expansão urbana, o planejamento urbanístico e a verticalização, fazendo da "formosa sem dote",[2] uma cidade requisitada, uma metrópole. Mário de Andrade, em carta ao poeta Manuel Bandeira, assim se refere a ela: "Precisas conhecer São Paulo. Não é linda. É curiosa. E para mim, seu inveterado e traído amante, [...] mas ainda amoroso, [...] gritando de meu posto meu amor pela cidade".[3]

Já na década de 1980, os hotéis sofreram mais concorrência, tanto de outros estabelecimentos semelhantes como de apart-hotéis e de flats. Novos grupos entraram no mercado, consolidando, na cidade de São Paulo, uma oferta hoteleira crescente. A partir da década de 1990, além de novos estabelecimentos na região da avenida Paulista, os bairros do Brooklin, Morumbi, Santo Amaro, Vila Olímpia, Jardins e Moema/Ibirapuera receberam investimentos de hotéis cinco estrelas,

---

[1] BSH Travel Research *apud* BSH International, *Hotelaria de luxo, São Paulo & Rio de Janeiro*, 2004, p. 9.

[2] Freire de Andrade refere-se à cidade de São Paulo, em 1830, como uma cidade que deve "sua formosura somente à notável beleza de sua situação e de seu horizonte visual. Circundada de campos estéreis, inçados de saúva, [...] a lavoura circunvizinha, limitada à cultura da mandioca e de poucos cereais não lhe oferecia elementos de riqueza, dando-se o mesmo quanto à indústria pastoril". *Apud* Francisco de Assis Vieira Bueno, em Carlos Eugênio Marcondes de Moura (1999: 154).

[3] Mário de Andrade, *Cartas a Manuel Bandeira* (Rio de Janeiro: Ediouro, s/d.), p. 46.

como, por exemplo, L'Hotel São Paulo (1994), Gran Meliá WTC São Paulo (1995), Hotel Inter-Continental São Paulo (1996), Renaissance São Paulo Hotel (1997), Sofitel (1997); e, posteriormente, Emiliano (2001), Hotel Unique (2002), Grand Hyatt São Paulo (2002) e Hotel Fasano (2003). Além disso, novos projetos e empreendimentos continuam a se estabelecer, alavancados por grandes eventos, pela vocação empresarial da cidade e pelo crescente número de visitantes interessados em vivenciar os atrativos que somente a grande metrópole paulistana proporciona.

A proposta deste livro, como dissemos, é contribuir para a construção de uma história da hotelaria, que se escreve a cada dia, com a vinda de forasteiros, visitantes, comerciantes e aventureiros que chegam a São Paulo, fixam-se e criam novos laços e novas histórias.

Esta é uma dessas histórias, escrita por quem herdou do pai o amor pela hotelaria.

Bibliografia

A CIGARRA, ano 1. nº XVII, São Paulo, 5-2-1915. Disponível em http://www.arquivoestado.sp.gov.br/pageflip/prophp/main.php?MagID=529&MagNo=529. Acesso em 12-12-2011.

A LUA. Ano I, nº 5. São Paulo: Typ. H. Rosenhain, 1910.

AGASSIS, Professor and Mrs. Louis. *A Journey in Brazil*. Boston: Houghton Mifflin, 1868. Disponível em http://www.archive.org/stream/ajourneyinbrazi06agasgoog#page/n17/mode/2up. Acesso em 22-8-2013.

ALENCASTRO, Luiz Felipe de. *História da vida privada no Brasil, 2. Império: a corte e a modernidade nacional*. São Paulo: Companhia Das Letras, 1997.

ALMANACH DA SECRETARIA DE ESTADO dos Negocios da Agricultura, Commercio e Obras Publicas do Estado de São Paulo para o anno de 1917. São Paulo: Typographia Brasil, 1917. Disponível em http://www.brasiliana.usp.br/bbd/handle/1918/01655100#page/236/mode/1up. Acesso em 27-12-2001.

ALMANAK D'A PLATÉA, 1900. Disponível em http://www.brasiliana.usp.br/bbd/handle/1918/00038000#page/89/mode/1up. Acesso em 21-12-2011.

AMARAL, Antônio Barreto do. *Dicionário de história de São Paulo*. Coleção Paulística, 19. São Paulo: Imprensa Oficial do Estado de São Paulo, 1980.

AMARAL, Tancredo. A *história de São Paulo ensinada pela biographia de seus vultos mais notáveis*. Rio de Janeiro: Alves, 1895.

ANDRADE, Mário de. *Cartas a Manuel Bandeira*. Rio de Janeiro: Ediouro, s/d.

_____. *Paulicea desvairada*. São Paulo: Casa Mayença, 1922.

_____. *Poesias completas*. Vol. 1. 5ª ed. São Paulo: Martins, 1979.

ANDRADE, Oswald de. *Poesias reunidas*. Obras completas, 7. 4ª ed. São Paulo: Civilização Brasileira, 1974.

ANDREWS, Christopher C. *Brazil, its Condition and Prospects*. Nova York: D. Appleton, 1891. Disponível em http://babel.hathitrust.org/cgi/pt?id=mdp.39015034323769. Acesso em 22-8-2013.

ARAUJO, Oscar Egidio de. "Enquistamentos étnicos". Em MENDES, Ricardo. "São Paulo no nihonjin: os primeiros anos da presença japonesa em São Paulo". Em *Informativo Arquivo Histórico Municipal*, 3 (18): mai-jun. de 2008. Disponível em http://www.arquivohistorico.sp.gov.br.

ARROYO, Leonardo. *Igrejas de São Paulo*. 2ª ed. São Paulo: Nacional, 1966.

ASCOLI, José. *Guia prático de São Paulo (Guia Ascoli)*. São Paulo: José Ascoli, 1901.

_____. *Guia prático de São Paulo (Guia Ascoli)*. São Paulo: José Ascoli, 1912.

_____. *Guia prático de São Paulo (Guia Ascoli)*. São Paulo: José Ascoli, 1920.

_____. *Guia prático de São Paulo (Guia Ascoli)*. São Paulo: José Ascoli, 1921.

_____. *Guia prático de São Paulo (Guia Ascoli)*. São Paulo: José Ascoli, 1922.

_____. *Guia prático de São Paulo (Guia Ascoli)*. São Paulo: José Ascoli, 1923.

ASSUNÇÃO, Paulo de. *A terra dos brasis: a natureza da América Portuguesa vista pelos primeiros jesuítas*. São Paulo: Annablume, 2001.

_____. "Viajantes e relatos: a representação dos trópicos". Em: *Colóquio natureza e jardins: projetos transatânticos entre Portugal e América Latina*. Biblioteca Pública de Évora, 2-3 de maio de 2007. Disponível em *Revista Eletrônica Triplov de Artes, Religiões e Ciências*. http://www.triplov.corn/naturarte/Natureza-e--jardins/Paulo-Assuncao.html. Acesso em 26-8-2013.

"ATOLADO EM DÍVIDAS, Maksoud Plaza vai a leilão na quinta-feira". Disponível em http://www1.folha.uol.com.br/cotidiano/1009032-atolado-em-dividas--maksound-plaza-vai-a-leilao-na-quinta-feira.shtml. Acesso em 10-5-2013.

AVÉ-LALLEMANT, Robert. *Viagens pelas províncias de Santa Catarina, Paraná e São Paulo (1858)*. Belo Horizonte/São Paulo: Itatiaia/Edusp, 1980.

AZEVEDO, Aroldo (org.). *A cidade de São Paulo: estudos de geografia urbana*. 4 vols. São Paulo: Nacional, 1958.

BACELLAR, Carlos *et al*. Atlas da inigração internacional em São Paulo 1850-1950. São Paulo: Unesp, 2008. Disponível em http:www.aquirvoestado.sp.gov.br/imigração/estatisticas.php. Acesso em 29-12-2011.

BARBUY, Heloísa. *A cidade-exposição. Comércio e cosmopolistimo em São Paulo, 1860-1914*. São Paulo: Edusp, 2006.

BÉRGAMO, Marlene. "Torre de 28 andares vai ocupar lugar do antigo hotel Cá-d'--Oro, em São Paulo". Em *Folha de S.Paulo*, São Paulo: Folhapress, 19-10-2010.

BOMFIM, Paulo: *Tecido de lembranças*. Publicação eletrônica. São Paulo: Book Mix Comunicação, 2004.

BORELLI, Helvio. *Noites paulistanas. Histórias e revelações musicais das décadas de 50 e 60*. São Paulo: Arte e Ciência, 2005.

BRAGON, R. "O último suspiro do velho hotel". Em *Folha de S.Paulo*, Revista da Folha, São Paulo, 18-1-2009.

BRANCATELLI, Rodrigo. "Até sarcófago se esconde no antigo hotel Cambridge". Em *O Estado de S. Paulo*, 26-7-2011. Disponível em http://www.estadao.com.br/noticias/impresso,ate-sarcofago-se-esconde-no-antigo-hotel-cambridge,749788,0.htm. Acesso em 2-1-2012.

BRUNO, Ernani da Silva. *Histórias e tradições da cidade de São Paulo, 1. Arraial de sertanistas (1554-1828)*. Rio de Janeiro: José Olympio, 1954.

_____. *História e tradições da cidade de São Paulo*. 3 vols. São Paulo: Prefeitura de São Paulo/Hucitec, 1984.

_____ & PILAGALLO, Oscar (orgs.). *São Paulo, 450: histórias e crônicas da cidade na Folha*. São Paulo: Publifolha, 2004.

BUENO, Eduardo. *A coroa, a cruz e a espada*. Rio de Janeiro: Objetiva, 2006.

BUENO, Francisco de Assis Vieira. *A cidade de São Paulo: recordações evocadas de memória*. São Paulo: Academia Paulista de Letras, 1976.

BURGARELLI, Rodrigo. "Imposto maior para imóvel ocioso começa a mudar a cara do Centro". *O Estado de S. Paulo*, 17-11-2011. Disponível em http://www.estadao.com.br/noticias/impresso,imposto-maior-para-imovel-ocioso-comeca-a-mudar-a-cara-do-centro,799334,0.htm. Acesso em 2-1-2012.

BURTON, Richard Francis. *Viagens aos planaltos do Brasil*. 3 vols. Rio de Janeiro: Nacional, 1983.

CALADO, Carlos. *A divina comédia dos Mutantes*. São Paulo: Editora 34, 2008.

CAMPOS, Eudes. "A cidade de São Paulo e a era dos melhoramentos *materiaes*: obras públicas e arquitetura vistas por meio de fotografias de autoria de Militão Augusto de Azevedo, datadas do período 1862-1863". Em *Anais do Museu Paulista*, vol. 15, nº 1, 2007.

_____. "Os primeiros hotéis da cidade de São Paulo. Século XIX: Império e República". *Informativo Arquivo Histórico Municipal*, 4 (24): maio-jun. 2009. Disponível em http://www.arquivohistorico.sp.gov.br., e em http://www.arquiamigos.org.br/info/info24/i-estudos.htm. Acesso em 22-8-2013.

_____ (cur.). *O centro de São Paulo há cem anos*. Exposição on-line. Arquivo Histórico Municipal. São Paulo, PMSP/SMC/DPH, 1998. Portal da Prefeitura da Cidade de São Paulo. Disponível em http://www.prefeitura.sp.gov.br/cidade/upload/centro100anos_1241712309.pdf. Acessado em 10-2-2010.

CARVALHO, Alê (dir.). *Portas da cidade*. Curta-metragem. São Paulo: Tamago, 2004. Disponível em http://www.tamago.at/hotsite/portasdacidade/home.htm. Acesso em 26-8-2013.

CIVITA, Victor (org.). "Anos de transição". Em *Nosso século, 1930-1945: a era Vargas*, 1. São Paulo: Abril Cultural, 1980.

CÓDIGO DE POSTURAS do município de São Paulo: 6 de outubro de 1886. São Paulo: Departamento de Cultura, 1940.

DAVATZ, Thomas. *Memórias de um colono no Brasil (1850)*. Belo Horizonte/São Paulo: Itatiaia/Edusp, 1980.

DEAN, Warren. *A industrialização de São Paulo*. São Paulo: Difel, 1971.

DEBRET, Jean-Baptiste. *Viagem pitoresca e histórica ao Brasil*. Belo Horizonte/São Paulo: Itatiaia/Edusp, 1978.

DICK, Maria Vicentina de Paula do Amaral. *A dinâmica dos nomes na cidade de São Paulo 1554-1897*. São Paulo: Annablume, 1997.

DINIZ, Firmo de Albuquerque (Junius). *Notas de viagem* (1882). Ed. fac-similar. Introd. e notas de Antônio Barreto do Amaral. Coleção Paulística, 5. São Paulo: Governo do Estado de São Paulo, 1978. (Fac-símile de São Paulo: Typ. Jorge Seckler, 1882).

D'ORBIGNY, Alcide. *Viagem pitoresca através do Brasil*. Trad. David Jardim. Belo Horizonte: Itatiaia/Edusp, 1976.

DÓRIA, Carlos Alberto. *Bordado da fama: uma biografia de Dener*. São Paulo: Editora Senac São Paulo, 1998.

EMPRESA DE TECNOLOGIA da informação e comunicação do município de São Paulo. http://www.prodam.sp.gov.br.

ENTREVISTA COM ALCEU VEZOZZO Filho – Presidente da Bourbon Hotéis e Resorts. Disponível em http://www.revistahoteis.com.br/materias/5-Entrevista/11527- -Entrevista-com-Alceu-Vezozzo-Filho-Presidente-da-Bourbon-Hoteis- Resorts. Acesso em 15-5-2013.

FÁVERO, Maria de Lourdes Albuquerque. "A universidade no Brasil: das origens à reforma universitária de 1968". Em *Educar*, nº 28. Curitiba: Editora UFPR, 2006. Disponível em http://www.scielo.br/pdf/er/n28/a03n28.pdf. Acessado em 31-12-2011.

FERREIRA, Miguel Angelo Barros. *O nobre e antigo bairro da Sé. História dos bairros de São Paulo*, vol. 10. São Paulo: Departamento de Cultura da Secretaria de Educação e Cultura da Prefeitura do Município de São Paulo, 1971.

FIGUEROLA, Valentina. "Segredos do solo". Em *Téchne*. Disponível em http://www.cspublisher.com/admin/produtos/PTE/engenharia-civil/83/artigo32673-1.asp.

FISCHER, Sylvia. *Os arquitetos da Poli: ensino e profissão em São Paulo*. São Paulo: Edusp, 2005.

FONSECA, Antonio & ANGERAMI, Domingos. *Guia de São Paulo*. São Paulo: Pocai & Weiss, 1912.

FONSECA, Maria Augusta. *Oswald de Andrade: biografia*. 2ª ed. São Paulo: Globo, 2007.

FREITAS, Affonso A. de. *Tradições e reminiscências paulistanas*. São Paulo: Livraria Martins, 1933.

FRÚGOLI JR., Heitor. *Centralidade em São Paulo: trajetórias, conflitos e negociações na metrópole*. São Paulo: Cortez, 2000.

GARDNER, George. *Viagens ao interior do Brasil: principalmente nas províncias do Norte e nos distritos do ouro e do diamante durante os anos de 1836-1841*. Belo Horizonte/São Paulo: Itatiaia/Edusp, 1975.

GOVERNO DO ESTADO de São Paulo. http://www.saopaulo.sp.gov.br/saopaulo/historia/colonia.htm.

GRANDE HOTEL PAULISTA. Em *A Provincia de São Paulo*, 3-10-1889, pasta 17.000. São Paulo: O Estado de S. Paulo.

HISTÓRIA DO BAIRRO da Liberdade. Disponível em http://www.culturajaponesa.com.br/?page_id=312. Acesso em 11-5-2013.

HOLANDA, Sérgio Buarque de. *Caminhos e fronteiras*. 3ª ed. São Paulo: Companhia Das Letras, 1995.

_____. *Raízes do Brasil*. Rio de Janeiro: José Olympio, s/d.

HOMEM, Maria Cecília Naclério. *Higienópolis*. História dos bairros de São Paulo, vol. 17. São Paulo: Departamento da Cultura da Secretaria de Educação e Cultura da Prefeitura do Município de São Paulo, 1980.

_____. *O prédio Martinelli: a ascensão do imigrante e a verticalização de São Paulo*. São Paulo: Projeto, 1984.

_____. *O palacete paulistano e outras formas urbanas de morar da elite cafeeira: 1867-1918*. São Paulo: Martins Fontes, 1996.

HOTÉIS SÃO PAULO. *Hotel Caravelas*. Disponível em http://www.caravelashotel.com.br. Acessado em 19-2-2010.

HOTÉIS TRANSAMÉRICA. Disponível em http://www.transamerica.com.br/Default.aspx?pageid=0A69A3A72AA49AA71A14A53AA70A. Acesso em 3-1-2012.

HOTEL EXCELSIOR. [Informativo]. Disponível em http://www.hotelexcelsiorsp.com.br/. Acesso em 25-9-2013.

HOTEL MAJESTIC. Em *A Lua*, ano 1, nº 10, março de 1910. Anúncio. Disponível em http://www.arquivoestado.sp.gov.br/pageflip/prophp/main.php?MagID= 12&MagNo=12. Acesso em 12-12-2011.

HOTEL TRANSAMÉRICA. Em *Revista Senhor*, nº 191, 14-11-1984.

HOTELARIA DE LUXO. *São Paulo & Rio de Janeiro*. São Paulo: BSH International, 2004.

HÜNNINGHAUS, Kurt. *História do automóvel*. Vol. II. Trad. Maryla Gremo. São Paulo: Boa Leitura, 1963.

KIDDER, Daniel P. *Reminiscências de viagens e permanências nas províncias do sul do Brasil (Rio de Janeiro e província de São Paulo)*. Trad. Moacir N. Vasconcelos. Belo Horizonte/São Paulo: Itatiaia/Edusp, 1980.

_____ & FLETCHER, James C. *Brazil and the Brazilians*. Filadelfia: Childs and Peterson, 1857.

KOSERITIZ, Carl von. *Imagens do Brasil*. Trad. e pref. de Afonso Arinos de Melo Franco. Belo Horizonte/São Paulo: Itatiaia/Edusp, 1980.

LAVIGNATTI, Felipe. "Cine Niterói, ou 'Heroi do Japão'". Em *O Estado de S. Paulo*, 6-10-2007. Disponível em http://www.estadao.com.br/noticias/suplementos,cine--niteroi-ou-heroi-do-japao,61188,0.htm. Acesso em 12-5-2013.

LISBOA, José Maria. *Almanach Litterario de São Paulo para o anno de 1877*. São Paulo: Typographia da Provincia de São Paulo, 1876.

_____. *Almanach Litterario de São Paulo para o anno de 1878*. São Paulo: Typographia da Provincia de São Paulo, 1877.

_____. *Almanach Litterario de São Paulo para o anno de 1884*. 7º anno. São Paulo: Typographia da Provincia de São Paulo, 1883.

LOBATO, André. "Hotelaria: a metamorfose do Maksoud Plaza". Em *Folha de S. Paulo*, Revista da Folha, São Paulo, 1 a 7-5-2011. Disponível em http://www1.folha.uol.com.br/revista/saopaulo/sp0105201109.htm. Acesso em 15-5-2013.

LOBO, Leão. "No Bourbon, conforto e requintes de outros tempos". Em *Jornal da Tarde*, Caderno Cidade, São Paulo, 23-9-1983.

LOPES, João Carlos. "Casas de Poetas". Em *Revista da Folha*, 4-4-2010, ano 17, nº 909. São Paulo: Folha de S.Paulo.

LUNÉ, Antônio José Batista de (org.). *Almanak da Provincia de São Paulo para 1873. Primeiro anno*. São Paulo: Typographia da Provincia de São Paulo, 1873. Disponível em http://www.brasiliana.usp.br/bbd/handle/1918/00038100#page/969/mode/1up. Acesso em 21-12-2011.

LOPEZ, Telê Ancona & FIGUEIREDO, Tatitana Longo (orgs.). *São Paulo! Comoção de minha vida... Mário de Andrade*. São Paulo: Unesp/Prefeitura Municipal/Imprensa Oficial do Estado de São Paulo, 2012.

MADCAP. Anúncio publicado no jornal *A Província de São Paulo*, 1878. Em *MadCap*. Blog. 2009. Disponível em: http://www.madcap.com.br/tag/publicidade/page/2/. Acessado em 9-2-2010.

"MAKSOUD PLAZA é arrematado em leilão por R$ 70 milhões". Em revista *Exame*, 24-11-2011. Disponível em http://exame.abril.com.br/negocios/noticias/maksoud-plaza-e-arrematado-em-leilao-por-r-70-milhoes/. Acesso em 9-3-2013.

MARCÍLIO, Maria Luiza. *A cidade de São Paulo: povoamento e população (1750-1850)*. São Paulo: Pioneira/Edusp, 1974.

MARQUES, Abílio Aurélio da Silva. *Indicador de S. Paulo: administrativo, judicial, industrial, profissional e comercial para o ano de 1878*. São Paulo: Imprensa Oficial do Estado de São Paulo/Arquivo do Estado, 1983a. (Fac-símile da edição da Typographia Jorge Seckler, São Paulo, 1878).

_____ & irmão (orgs.). *Almanak administrativo, mercantil e industrial da província de São Paulo – 1857. Anno 1*. São Paulo: Imprensa Oficial do Estado de São Paulo, 1983b. (Fac-símile da edição da Typographia Imparcial J. R. de Azevedo Marques).

MARQUES, Joaquim Roberto de Azevedo. *Almanak administrativo, mercantil e industrial da província de São Paulo – 1858. Anno 2*. São Paulo: Imprensa Oficial do Estado de São Paulo, 1983. (Fac-símile da edição da Typographia Imparcial de R. de Azevedo Marques).

MARQUES, Manuel E. de Azevedo. *Província de São Paulo*. 2 Vols. Belo Horizonte/São Paulo: Itatiaia/Edusp, 1980.

MARTINS, Antônio Egydio. *São Paulo antigo*. São Paulo: Comissão Estadual da Cultura, 1973.

MARX, Murillo de A. *Cidade brasileira*. São Paulo: Melhoramentos/Edusp, 1980.

MASSARANI, Emanuel von Lauenstein. *A paisagem paulistana à epoca do telefone*. São Paulo: Telecomunicações de São Paulo (Telesp), 1984. (Em comemoração ao 100º aniversário da instalação dos serviços telefônicos em São Paulo). Disponível em: http://www.novomilenio.inf.br/santos/h0287j04.htm Acesso em 15-12-2011.

MATTIUSSI, Luciana. "Glamour dá adeus ao centro". Em revista *Época*, 16-3-2009. Disponível em http://revistaepocasp.globo.com/Revista/Epoca/SP/0,,EMI64194-15916,00.html. Acesso em 12-12-2011.

MATTOS, David José Lessa. *O espetáculo da cultura paulista: teatro e TV em São Paulo, 1940-1950*. São Paulo: Códex, 2002

MAWE, John. *Viagens ao interior do Brasil*. Trad. Solena Benevides Viana. Belo Horizonte/São Paulo: Itatiaia/Edusp, 1978.

MENDES, Ricardo. "Os largos de São Paulo e o carro de 'praça'". Em *Informativo Arquivo Histórico Municipal*, 3 (13): julho/agosto 2007. Disponível em http://www.arquiamigos.org.br/info/info13/i-logra.htm. Acesso em 21-12-2012.

MENESES, Raimundo de. "O grande empreendimento de Jules Martin, a construção do viaduto do chá". Em *Folha da Manhã*, Caderno Assuntos Gerais, 20-9-1953.

MORAES, Fernando. *Chatô: o rei do Brasil*. 3ª ed. São Paulo: Companhia Das Letras, 1997.

MORAES FILHO, Alexandre J. de Mello. *Festas e tradições populares no Brasil (1901)*. Belo Horizonte: Itatiaia, 1979.

MORSE, Richard M. *Formação histórica de São Paulo*. São Paulo: Difel, 1970.

MOURA, Carlos Eugênio Marcondes de. *Vida cotidiana em São Paulo no século XIX*. São Paulo: Ateliê Editorial, 1998.

MOURA, Paulo Cursino. *São Paulo de outrora*. Belo Horizonte/São Paulo: Itatiaia/Edusp, 1980.

NEME, Mário. *Notas de revisão da história de São Paulo*. São Paulo: Anhembi, 1959.

NEVES, Cylaine Maria das. *A vila de São Paulo de Piratininga: fundação e representação*. São Paulo: Annablume/Fapesp, 2007.

"NO LARGO DE SANTA IFIGENIA, a 'Belle Époque' restaurada". Em *Folha de S.Paulo*, São Paulo, Turismo, 27-7-1973.

O CRUZEIRO, 10-11-1928. Disponível em www.memoriaviva.com.br/ocruzeiro/. Acesso em 21-12-2012.

ORLANDO, Luiz Felipe. "Centro ocupado, centro saudável". Em revista *Época*, São Paulo, 30-8-2010. Disponível em http://colunas.epocasp.globo.com/centroavante/tag/hotel-sao-paulo/. Acesso em 2-10-2013.

PFEIFFER, Ida. *Memórias*. Porto Alegre: Globo, 1971.

PINTO, Alfredo Moreira. *A cidade de São Paulo em 1900: impressões de viagem*. 2ª ed. São Paulo: Imprensa Oficial do Estado de São Paulo, 1979. (Fac-símile da edição da Imprensa Nacional, Rio de Janeiro, 1900)

_____. *O extremo oeste*. São Paulo: Brasiliense, 1986.

PIRES, Mário Jorge. *Raízes do turismo no Brasil: hóspedes, hospedeiros e viajantes no século XIX*. São Paulo: Manole, 2001.

PODANOVSKI, João. *São Paulo: capital gastronômica*. São Paulo: Sindicato de Hotéis, Restaurantes, Bares e Similares de São Paulo, 1988.

PONTES, José Alfredo Vidigal & MESQUITA FILHO, Ruy. *São Paulo de Piratininga: de pouso de tropas a metrópole*. São Paulo: O Estado de S. Paulo/Terceiro Nome, 2003.

PORTO, Antonio Rodrigues. *História da cidade de São Paulo*. São Paulo: Cartago, 1996.

PRADO, Yan de Almeida. "S. Paulo antigo e sua arquitetura". Em *Illustração Brasileira*, nº 109, Rio de Janeiro, set. de 1929.

PRATT, Mary Louise. *Os olhos do império: relatos de viagem e transculturação*. Bauru: Edusc, 1999.

"PRÉDIO HISTÓRICO vira hotel e valoriza centro da cidade". Em *O Estado de S. Paulo*, Caderno Empresas, São Paulo, 15-1-1985. São Paulo (cid.) Hotéis.

PREFEITURA DE SÃO PAULO: CULTURA. "Hotel". Disponível em http://www.almanack.paulistano.nom.br/hotel5.html.

_____. "Troca de nomes de ruas de São Paulo". Disponível em http://www.almanack.paulistano.nom.br/trocadenomes2.html.

_____. "Dicionário de ruas". Disponível em http://www.dicionarioderuas.prefeitura.sp.gov.br/PaginasPublicas/SeculoXIX.aspx.

PRIMEIRO CENTENÁRIO do Conselheiro António da Silva Prado. São Paulo: Revista dos Tribunais, 1946.

PRIORE, Mary del. *Festas e utopias no Brasil colonial*. São Paulo: Brasiliense, 1994.

RED BULL. "Red Bull House of Art abre as portas hoje na avenida São João, número 288". São Paulo, 11-11-2009. Disponível em http://www.redbull.com.br/cs/Satellite/pt_BR/Article/Red-Bull-House-of-Art-abre-as-portas-hoje-na-Avenida-S%C3%A3o-Jo%C3%A3o,-n%C3%BAmero-288-021242791287010. Acesso em 25-9-2013.

REDE PAN DE HOTÉIS. Quem somos. Disponível em http://www.redepandehoteis.com.br/AUGUSTABOULEVARD/empresa.html. Acesso em 3-1-2012.

REVISTA SENHOR, nº 191, 14-11-1984.

RIBEIRO, Darcy. *O povo brasileiro. A formação e o sentido do Brasil.* São Paulo: Companhia Das Letras, 1995.

ROSSI, Mirian Silva. "Circulação e mediação da obra de arte na *belle époque* paulistana". Em *Anais do Museu Paulista*, vol. 6-7, São Paulo, 1988-1989. Disponível em http://estudiosterritoriales.org/articulo.oa?id=27300705.

RUBIES, Edmundo & RUBIES, Jorge Eduardo. "Hotéis Central e Britânia" (1918). Disponível em http://www.piratininga.org/hotel_britania/hotel_britania.htm. Acesso em 2-10-2013.

_____. "Hotel Municipal" (1910). Disponível em http://www.piratininga.org/hotel_municipal/hotel_municipal.htm. Acesso em 25-9-2013.

SAINT-HILAIRE, Auguste de. *Viagem pelas províncias do Rio de Janeiro e Minas Gerais.* Belo Horizonte/São Paulo: Itatiaia/Edusp, 1975.

_____. *Viagem à província de São Paulo.* Trad. Regina Regis Junqueira. Belo Horizonte/São Paulo: Itatiaia/Edusp, 1976.

SANT'ANNA, Nuto. *São Paulo Histórico.* 6 vols. São Paulo: Departamento de Cultura, 1937-1944.

SÃO PAULO Guia Turístico. Guide-book nº 4. São Paulo: Embratur/São Paulo Convention Bureau/Secretaria de Esportes e Turismo do Estado de São Paulo/London Guias, ago. de 1986.

SECKLER, Jorge (org.). *Almanach administrativo, commercial e industrial. Província de São Paulo para o anno bissexto de 1888.* São Paulo: Jorge Seckler e Comp, 1888.

SILVA, Egydio Coelho da. *História do bairro do Bixiga.* Disponível em http://www.ajorb.com.br/hb-resumo.htm. Acesso em 25-9-2013.

SIMÕES, Inimá Ferreira. *Salas de cinema em São Paulo.* São Paulo: PW/SMC/Secretaria de Estado da Cultura, 1990.

SIMÕES, Manuel. *A literatura de viagens nos séculos XVI e XVII.* Lisboa: Comunicação, 1985.

SPIX & MARTIUS. *Viagem pelo Brasil. 1817-1820.* Belo Horizonte/São Paulo: Itatiaia/Edusp, 1981.

SPOLON, Ana Maria Garcia. "A transformação do espaço nas áreas centrais das grandes cidades e a nova arquitetura hoteleira: o caso dos hotéis Plaza Marabá, Novotel Jaraguá e Normandie Design Hotel, em São Paulo". Em *O moderno já passado – O passado no moderno. Anais do VII Seminário docomomo Brasil.*

Porto alegre, 22 a 24 de outubro de 2007. Disponível em http://www.docomo-mo.org.br/seminario%207%20pdfs/004.pdf. Acesso em 12-12-2011.

TAUNAY, Alfredo D'Escragnolle, visconde de. *Memórias*. São Paulo: Iluminuras, 2005.

THORMAN, Canuto (org.). *Almanak Administrativo, comercial e profissional do estado de São Paulo*. São Paulo: Companhia Industrial de São Paulo, 1895.

TINHORÃO, José Ramos. *As festas no Brasil colonial*. São Paulo: Editora 34, 2000.

TOLEDO, Roberto Pompeu de. "Conheça a importância de Prestes Maia para a cidade". Em *Veja São Paulo*, nº 2188, 27-10-2010. Disponível em http://vejasp.abril.com.br/revista/edicao-2188/veja-sao-paulo-25-anos-prestes--maia. Acesso em 31-12-2011.

TORRÃO FILHO, Amilcar. *Paradigma do caos ou cidade da conversão? São Paulo na administração Morgado de Mateus (1765-1775)*. São Paulo: Annablume/Fapesp, 2007.

TSCHUDI, Johann J. von. *Viagem às províncias do Rio de Janeiro e São Paulo*. Belo Horizonte/São Paulo: Itatiaia/Edusp, 1980.

URBAN SYSTEMS BRASIL. "Hotéis transformados em apartamentos são sucesso de vendas no centro de São Paulo". Em *Urban View* [Informativo eletrônico de mercado]. Disponível em http://www.urbansystems.com.br/urbanview/urba-nismo/hotsp.php. Acesso em 2-6-2009.

VAZQUEZ, Maria del Carmen Garcia. São Paulo: Universidade de São Paulo, Programa de pós-graduação da ECA, 2006. Disponível em http://poseca.incubadora.fapesp.br/portal/bdtd/2006/2006-me-garcia_carmen.pdf

VIDA MODERNA. São Paulo, anno XX, 16-10-1924.

WERNET, Augustin. *A igreja paulista no século XIX*. São Paulo: Ática, 1987.

ZALUAR, Augusto Emílio. *Peregrinação pela província de São Paulo (1860-1861)*. Belo Horizonte/São Paulo: Itatiaia/Edusp, 1975.

ZONTA, Natália. "Quem quer morar no centro". Em *Folha de S.Paulo*, Revista da Folha, São Paulo, 7 a 13-11-2010.

Índice onomástico dos hotéis

A

Albergue do Bexiga, 27
Amália Hotel, 192
Artemis Hotel, 196

B

Blue Tree Hotels, 212
Bourbon Hotéis e Resorts, 105
Brazilian Palace Hotel, 206, 207

C

Caesar Park Hotel, 11, 211, 212, 213
Café e Hotel do Commercio, 45
Carillon Plaza Hotel, 219
Casa de Pensão, 47
Casa de sotéa, 46
César Ritz, 9, 10
City Hotel, 145
Comodoro Hotel e Cultura, 172
Crowne Plaza, 17, 218

D

Dan Inn Planalto Hotel, 194

E

Embassy Hotel, 154, 155
Emiliano, 224
Estrela de Monmartre. *Veja* Pensão Estrela de Monmartre.

G

Gran Meliá WTC São Paulo, 219, 224
Grand Hotel
    de France, 68
    de la Rotisserie Sportsman, 73, 75, 76, 96
    des Extrangers, 101
Grand
    Hyatt São Paulo, 224

Grande Hotel, 18, 37, 40, 41, 57, 58, 59, 60, 62, 63, 67, 69, 72, 96, 97
    Aliança, 128
    Broadway, 160, 161
    Ca'd'Oro, 149, 186
    d'Oeste, 48, 49, 53, 67, 107
    da Paz, 53, 54, 68, 105
    de França, 37, 39
    de Paris, 69
    Familiar, 136, 137
    Faria, 128
    Fraccaroli, 92, 98, 101
    Moderno (Bérgamo), 185
    Paulista, 67, 68, 105
    Rebechino, 101
    Roma, 93, 101, 105
    Santa Helena, 118
    Succursal, 57, 63, 64
    Suisso, 105
Grão Pará Hotel, 155

H

Hilton Hotel, 17, 202
Hilton International's Brazilian Subsidiary, 207
Hospedaria
    de Imigrantes, 82
    do Charles, 32
    do Charles, 42
Hotel
    Albion, 53, 68, 69, 100
    Alliança, 68
    Alvear, 145
    Amazonas, 186-187, 189
    America, 68
    Arouche Splendid, 128

Astoria, 136, 137
Atlântico, 181, 183
Augusta Boulevard, 219
Avenida, 106, 128
Barabay, 161
Bella Vista, 71, 77-78
Boa Vista, 66
Bourbon, 105, 106, 209, 210
Brasil e Itália, 66, 68
Brasilton, 17, 207
Brazil, 42, 52, 68
Britania, 118-122, 124, 126
Ca'd'Oro, 17, 185, 186
Caesar Park São Paulo, 17, 213, 214
Cambridge, 168
Caravelas, 192
Carlton, 105
Centenário, 118
Central, 68, 118-122, 124, 127
Cineasta, 144
Cinelândia, 143, 145
Claridge, 168
Columbia Palace, 161
Columbia, 161
Comodoro, 17, 169, 170, 171
Concordia, 52
Conde Turim, 106
Copacabana Palace, 110
d'Oeste (filial), 105
d'Oeste, 69, 101, 105
da América, 51, 53
da Estação do Braz, 69
da Estação, 52, 53, 55, 105
da Maçã de Ouro, 69
da Patria, 101
da Paz, 53, 55, 102, 103, 104
da Providência, 42, 43
da Rotisserie Sportsman, 96
da Sé (filial), 107
da Sé, 107
Danúbio, 17, 172, 173

das Famílias, 66, 69
das Quatro Nações, 35
de Europa, 68
de França, 35, 36, 37, 38, 39, 41, 55, 69
de France, 53
de Itália, 35
de Paris, 101
des Voyageurs, 45, 46, 47
Diener, 92, 100
Diniz, 96
do Cine Niterói, 164
do Commercio, 42, 43, 101, 105
do Globo, 68
do Leão, 101
do Lion, 47
dos Estados, 92
dos Estrangeiros, 105
dos Viajantes (antigo Hotel Braz), 101
dos Viajantes, 105
e Rest "La Bella Italia", 101, 107
Ebis, 164
Eldorado Boulevard, 208
Eldorado, 17, 208
Esmeralda, 105
Esplanada, 108, 110, 112, 113, 164
Europa, 52
Excelsior, 17, 147, 148
Familiar e Penção, 101
Fasano, 224
Fasoli, 66
Federal Paulista, 92
Federal, 100, 105
Federale, 101
Fenili, 68
Flórida, 118
Fraccaroli, 105, 118
Français, 72
Galeão, 161
Globo, 53
Gran Corona, 185, 186
Hilton, 206

Holiday Inn Crowne Plaza, 218
Holiday Inn Select Jaraguá, 178
Hollywood, 156
Ikeda, 164
Imperial de Tóquio, 164
Imperial, 42
Imperial, 68
Inter-Continental São Paulo (1996), 224
Internacional, 69
Italia e Brazil, 51, 52, 69
Itália, 48, 49, 52
Jahuense, 72
Jandaia, 17
Jaraguá, 11, 17, 174, 175, 176, 177
Jardineira, 72, 105
JK, 183
Joaquim (Joachim's Hotel), 83
Líder, 156
Londres, 118
Magnani, 85
Majestic, 96, 97
Maksoud, 217
Marabá, 17, 110, 153, 154
Maragliano, 36, 55
Meublé Milanesi, 107
Mikado, 163
Moderno, 106
Municipal, 118-122, 124, 125, 127, 128
Nacional, 93
Natal, 158, 159
Nobilis Express, 196
Nobilis, 196
Normandie, 195
Nuova Italia Leon de Veneza, 118
Oeste, 71
Pan Americano, 219
Panorama, 83
Pão de Açúcar, 195
Paramount, 195
Parisien, 72
Paulista, 67, 71, 99, 100

Paulistano, 42, 45, 52
Piratininga, 118
Planalto, 17, 194
Planet, 52
Portugal, 93
Provenceau, 66
Rebechino, 105
Recreio Paulistano, 43, 45
Recreio Santista, 47
Regina, 114-116, 117
Restaurant do Globo, 69
Restaurante Universo, 53
Rojas, 192
Roma, 100
Royal, 85, 97
San Raphael, 190, 191
Santos Dumont, 162, 174
São Bento, 130, 132
São José, 100
São Paulo, 149, 150, 152, 155
Savoy, 106
Suisso, 94
Terminus, 17, 108, 109, 110, 174
Tokiwa Ryokan, 163
Transamérica, 220
Triângulo, 118
Ueji, 163
Unione Italiana, 101
Unique, 224
Universal, 36, 42, 43, 45, 46
Veneto e Romagnolo, 101
Victoria (filial), 107
Victoria, 101, 107
Vila Rica, 186-187, 188, 189
Ypiranga, 68
Hotel-Cor, 10

L

L'Hotel São Paulo, 224
Lord Hotel, 190
Lord Palace Hotel, 192-193
Lux Hotel 146, 159

M

Maksoud Plaza Hotel, 215, 216
Maksoud Plaza São Paulo, 217
Marian Palace Hotel, 145-147
Mofarrej Sheraton Hotel, 17, 219

N

Nikkey Palace Hotel, 221
Normandie Design Hotel, 17, 195
Novo Hotel do Estado, 101
Novotel São Paulo Jaraguá Convention, 178

O

Othon
    Hotel São Paulo, 17, 181
    Palace Hotel, 178-179, 180, 181, 182

P

Palace Hotel, 136, 137
Pallazo Hotel Ca'd'Oro, 185
Paramount Hotel, 156
Pensão
    de Akita Kumesaburo, 163
    de Ishihara Keize, 163
    de Madame Rosa, 65
    do Alemão, 42
    Estrela de Monmartre, 102
    Japoneza, 163
    Milano, 101, 102
    Ogawa, 13
    Palais Elegant, 102
    Palais Royal, 102
    Wakayama, 163
Pension Pour Artistes Maison Dorée, 102
Plaza
    Hotel, 143
Marabá Hotel, 153, 154

R

Rancho
    da ponte do Ferrão, 31
    do Bixiga, 31
    do Capão das Pombas, 27
    do Guaré ou Luz, 31
    Feliz, 27
    Lavapés, 31
Rede Buenas Hotéis São Paulo, 161
Rede Pan de Hotéis, 219
Regência Hotel, 184
Reinales Plaza Hotel, 128
Renaissance São Paulo Hotel, 224
República Park Hotel, 187, 189, 190
Royal Hotel (antigo Rebechino), 96

S

San Raphael, 17
São Paulo Center Hotel, 17, 114-116, 117
São Paulo Hilton Hotel, 200, 202, 204
São Paulo Othon Classic, 179
Shelton Inn de Hotéis, 116
Sofitel, 224

T

Terminus, 17, 108, 109, 110, 174
Tivoli Hotels & Resorts, 219
Tivoli São Paulo–Mofarrej, 219
Travel Inn Braston São Paulo, 207

U

Urca Hotel, 160